"十三五" 职业教育新能源汽车专业"互联网+"创新教材

电动汽车储能系统原理与维修（配实训工单）

主　编　费丽东　闫　力
参　编　姜丽娟　陈金苗　徐嘉炯　郑锡伟
　　　　王慧怡　李华东　田云飞　骞大闯
　　　　刘银瑞　宫春青　陈群燕

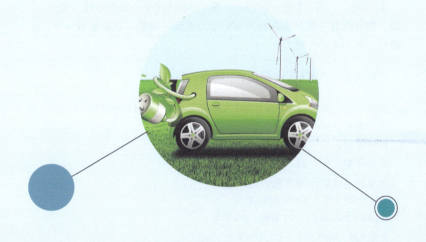

机械工业出版社

本书是"十三五"职业教育新能源汽车专业"互联网+"创新教材。本书是理实一体化教材,包括理论知识和实训工单两部分,分别单独装订成册,方便使用。理论知识包括电动汽车储能系统概述、储能系统部件、充电系统、北汽新能源 EV200 动力蓄电池四个项目。实训工单配套对应每个项目,每个实训工单以接收工作任务、信息收集、制订计划、计划实施、质量检查、评价反馈六个环节为主线,结合理论知识内容进行实践操作,形成理实一体化教学模式。

本书彩色印刷,图片清晰美观,内容新颖全面,同时运用了"互联网+"形式,在理论知识部分以二维码的形式配以视频、动画等多媒体资源,方便读者理解相关知识,以便更深入地学习。

本书可作为职业院校新能源汽车、汽车维修等相关专业的教学用书,也可作为汽车维修企业内部培训资料,还可作为汽车维修技术人员和 4S 店工作人员的参考书。

为便于教学,本书配有电子课件、实训工单答案等教学资源,凡选用本书作为授课教材的教师均可登录 www.cmpedu.com 注册后免费下载,或咨询编辑电话:010-88379201。

图书在版编目(CIP)数据

电动汽车储能系统原理与维修:配实训工单/费丽东,闫力主编. —北京:机械工业出版社,2018.3(2024.12 重印)

"十三五"职业教育新能源汽车专业"互联网+"创新教材

ISBN 978-7-111-59478-9

Ⅰ.①电… Ⅱ.①费…②闫… Ⅲ.①电动汽车–动力系统–原理–职业教育–教材②电动汽车–动力系统–维修–职业教育–教材　Ⅳ.①U469.72

中国版本图书馆 CIP 数据核字(2018)第 056653 号

机械工业出版社(北京市百万庄大街 22 号　邮政编码 100037)
策划编辑:师　哲　责任编辑:师　哲
责任校对:王　延　封面设计:张　静
责任印制:李　昂
北京捷迅佳彩印刷有限公司印刷
2024 年 12 月第 1 版第 8 次印刷
184mm×260mm・11.75 印张・273 千字
标准书号:ISBN 978-7-111-59478-9
定价:44.80 元

凡购本书,如有缺页、倒页、脱页,由本社发行部调换

电话服务　　　　　　　　　　网络服务
服务咨询热线:010-88379833　　机 工 官 网:www.cmpbook.com
读者购书热线:010-88379649　　机 工 官 博:weibo.com/cmp1952
　　　　　　　　　　　　　　　教育服务网:www.cmpedu.com
封面无防伪标均为盗版　　　　　金 书 网:www.golden-book.com

项目一　电动汽车储能系统概述

实训一　电动汽车高压断电流程操作

学院		专业	
姓名		学号	
小组成员		组长姓名	

一、接收工作任务　　　　　　　　　成绩：

　　新能源汽车服务有限公司接收了一辆北汽新能源 EV 系列纯电动汽车,因高压系统出现故障需进行检修。维修车间技师刘强要求学徒工王磊完成作业前准备及高压断电流程,以便进一步的诊断检查。

二、信息收集　　　　　　　　　　　成绩：

1）请查阅相关资料,完成电动汽车常见术语英文缩略语的填写。

中文名称	缩　略　语	中文名称	缩　略　语
纯电动汽车		维修开关	
荷电状态		车载充电机	
电机控制器		高压控制盒	
整车控制器		蓄电池管理系统	
数据采集终端		组合仪表	

2）请查阅相关资料,完成新能源汽车作业十不准的填写。
① 非持证（低压电工作业操作证）电工不准装接电动汽车＿＿＿＿＿＿＿。
② 任何人不准玩弄电气设备和＿＿＿＿＿＿＿。
③ 破损的电气设备应及时＿＿＿＿＿＿,不准使用绝缘损坏的电气设备。
④ 不准利用＿＿＿＿＿＿对电动汽车以外的＿＿＿＿＿＿＿供电。
⑤ 设备检修切断电源时,任何人不准启动挂有＿＿＿＿＿＿的电气设备,或合上拔去的＿＿＿＿＿＿。
⑥ 不准用水冲洗揩擦＿＿＿＿＿＿＿＿＿＿。
⑦ 熔丝熔断时,不准调换＿＿＿＿＿＿＿的熔丝。

⑧ 不经技术部门或主管部门审批，不准私自_____和_____。

⑨ 发现有人触电，应立即切断电源进行_____，触电者未脱离电源前，救护人员不准_____伤员，因为有触电的危险。

⑩ 雷雨天气，禁止室外对车辆_____和_____。

三、制订计划　　　　　　　　　　　　　成绩：

1）请根据电动汽车维修作业要求，制订作业计划。

作业计划		
序　号	作业项目	注意事项
计划审核	审核意见：_____ _____。 　　　___年___月___日　签字：_____	

2）请根据作业计划，完成小组成员任务分工。

操　作　人		记　录　员	
监　护　人		展　示　员	

作业注意事项

① 严禁非专业人员或无实训教师在场的情况下，私自对高压部件进行移除及安装。
② 未经过高压安全培训的维修人员，不允许对高压部件进行维护。
③ 车辆在充电过程中，不允许对高压部件进行移除、维护等工作。
④ 对高压部件进行作业前，必须确认车辆钥匙处于 Lock 档并断开 12V 辅助蓄电池。
⑤ 高压部件开盖或断开插件后，需进行验电，确认电压在安全范围内才可进行操作。

检测设备、工具、材料			
序　号	名　称	数　量	清　点
			□已清点
			□已清点
			□已清点
			□已清点
			□已清点
			□已清点
			□已清点
			□已清点

四、计划实施

成绩:

1) 设立1~2名学生作为安全监护人,实操人员原则上要求持有由国家安监局颁发的特种作业操作证。若实操人员暂无证书,则实训教师必须在场指导操作,确保人身安全。

安全监护人1　姓名_____

安全监护人2　姓名_____

实操人员　姓名_____　电工证:□有　□无

实训教师　姓名_____　在　场:□是　□否

2) 请完成纯电动汽车维修作业前检查及车辆防护,并记录信息。

① 维修作业前现场环境检查。

作业内容:_____

作业结果:_____

② 维修作业前防护用具检查。

作业内容:_____

作业结果:_____

③ 维修作业前仪表工具检查。

作业内容:_____

作业结果:_____

④ 维修作业前实施车辆防护。

作业内容：

作业结果：

3）关闭点火开关，钥匙安全存放，并记录信息。

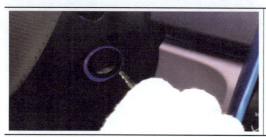

点火开关位置：□ START　　□ ON　　□ ACC　□ LOCK
钥匙安全存放：□ 维修柜　　□ 实操人员保管

4）所有充电口用黄黑胶带封闭，断开辅助蓄电池负极，负极柱绝缘处理，并等待5min以上。

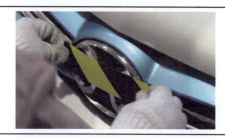

拆卸工具
名称：_____　　螺栓规格：_____

负极柱绝缘处理方式
□ 绝缘防尘帽　　□ 绝缘胶带

5）佩戴绝缘手套，拆卸维修开关，移除后放置警示标识，并将其安全存放。

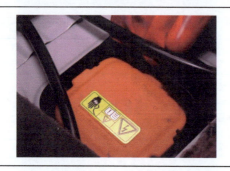

拆卸工具
名称：_____　　螺钉规格：_____

检修开关安全存放
□ 维修柜　　□ 实操人员保管

警示标识：_____

6）检查确认举升装置无误后平稳举升车辆至合适位置。拆卸动力蓄电池插接器遮板，断开高低压接插件。

| 低压插件解锁方法：_____ |
| 高压插件解锁方法：_____ |

7）利用绝缘万用表及放电工装进行验电、放电，或静置3～5min，确保残余电荷释放完毕。

| 验电1：负载侧_____ V 电源侧_____ V |
| 放电：□指示灯持续闪亮 □指示灯由暗变亮，再熄灭 |
| 验电2：负载侧_____ V 电源侧_____ V |
| 提示：高压插件端口需进行绝缘处理 |

五、质量检查　　成绩：

请实训指导教师检查作业结果，并针对实训过程出现的问题提出改进措施及建议。

序　号	评价标准	评价结果
1	按要求设置安全监护人	
2	规范地完成作业前准备工作	
3	规范地完成高压断电流程	
4	场地恢复及现场5S管理	
综合评价	☆　☆　☆　☆　☆	
综合评语		

六、评价反馈　　成绩：

请根据自己在课堂中的实际表现进行自我反思和自我评价。

自我反思：_____
_____。

自我评价：_____
_____。

实训成绩单

项　　目	评 分 标 准	分　　值	得　　分
接收工作任务	明确工作任务，准确记录客户及车辆信息	5	
信息收集	掌握工作相关知识及操作要点	10	
制订计划	计划合理可行	10	
计划实施	设置安全监护人	5	
	作业前准备工作	15	
	钥匙安全存放	5	
	蓄电池负极柱绝缘处理	5	
	维修开关拆卸及安全存放	5	
	动力蓄电池高低压插件断开及绝缘处理	10	
	验电及放电	5	
	场地恢复及现场5S管理	10	
质量检查	按照要求完成相应任务	5	
评价反馈	经验总结到位，合理评价	10	
得分（满分100）			

实训二　动力蓄电池功能模拟及单体维护

学院		专业	
姓名		学号	
小组成员		组长姓名	

一、接收工作任务　　　　　　　　　成绩：

新能源汽车服务有限公司与某职业院校签订校企合作协议，近期将委派维修车间技师刘强前往该校进行实训授课。技师刘强考察该校实训中心后，准备借助实训台架及相关设备讲解动力蓄电池功能模拟及单体维护。

二、信息收集　　　　　　　　　　　成绩：

1) 请查阅相关资料，简要叙述动力蓄电池的种类。
_____
_____
_____
_____
_____

2) 请查阅相关资料，完成以下信息的填写。
动力蓄电池寿命分为日历寿命和循环寿命。日历寿命是指_____；循环寿命是指_____。
动力蓄电池内阻是指_____，分为交流内阻和直流内阻。动力蓄电池内阻的影响因素较多，例如_____等，内阻增加势必导致容量的降低。

三、制订计划　　　　　　　　　　　成绩：

1) 请根据电动汽车维修作业要求，制订作业计划。

作业计划		
序　号	作业项目	注意事项

作 业 计 划		
序　号	作业项目	注意事项
计划审核	审核意见：＿＿＿。 ＿＿＿年＿＿＿月＿＿＿日　签字：＿＿＿＿＿＿＿＿	

2）请根据作业计划，完成小组成员任务分工。

操　作　人		记　录　员	
监　护　人		展　示　员	
作业注意事项			
① 实训中如遇高温、焦味、异响、电火花等现象，应立即停机下电。 ② 实训台架额定工作电压为 220V 交流电源，严禁用手直接触摸导线或裸露部分。 ③ 放电测试时请务必连接适当负载，过高或过低均导致设备工作异常。 ④ 实训中需依次开启设备电源开关，以免损坏计算机等其他设备。 ⑤ 单体蓄电池充放电时务必确保其终止电压符合要求，避免发生过充电、过放电现象。			

检测设备、工具、材料			
序　号	名　称	数　量	清　点
			□已清点
			□已清点
			□已清点
			□已清点
			□已清点
			□已清点
			□已清点
			□已清点
			□已清点
			□已清点

四、计划实施　　成绩：

1）将动力蓄电池功能模拟实训互动教学平台系统（以下简称实训台架）置于良好水平地面，锁紧脚轮后接入额定工作电压 220V 交流电源，记录数据。

实训台架脚轮：□已锁止　　□未锁止
额定工作电压：□已接入　　□未接入
漏电保护开关：□闭合　　□断开
设备供电状态：□正常　　□异常
提示：依次开启总电源开关、电脑启动开关。若设备供电异常，请及时上报实训教师

2）实训台架设备供电正常后，点击界面快捷方式进入考核软件系统。

提示：请仔细阅读安全须知，学生通过指定的账号和密码即可登录。实训教师可在教师端模拟演示动力蓄电池的典型故障，学生也可根据提示信息完成某一典型故障诊断排查的实训任务。详见实训台架使用说明书，此步骤不再赘述

3）将车辆钥匙置于 ON 位后，利用检测工具在实训台架面板测量并记录动力蓄电池相关数据。

组 合 仪 表	其 他 数 据
荷电状态：_____%　电压值：_____V	内部总电压：_____V　外部总电压：_____V
仪表现象：□正常无故障　□异常报故障	总正接触器当前状态：□闭合　□断开
模组电压（17组）	总负接触器当前状态：□闭合　□断开
最高电压：_____V　编号：_____	预充继电器当前状态：□闭合　□断开
最低电压：_____V　编号：_____	正极对地绝缘电阻：_____Ω
平均电压：_____V　压差：_____V	负极对地绝缘电阻：_____Ω

4）将动力蓄电池分析仪接入实训台架面板诊断接口，读取动力蓄电池系统数据流。

提示：将读取的数据信息与3）实测的数值进行对比，并在实训教师的指导下查看解析其他数据流信息

5）在实训台架中拆卸最高和最低电压对应编号的电池模块，记录数据。

	单体蓄电池类型：_____
	额定电压：_____V　额定容量：_____mA·h
	提示：拆卸电池模块前，务必关闭实训台架所有电源

6）利用单体蓄电池充放电仪，将已拆卸的电池模块进行充/放电测试，放电截止电压或充电终止电压按规定数值设置，记录数据。

充电测试：终止电压：_____ V　充电电流：_____ A

放电测试：截止电压：_____ V　放电电流：_____ A

提示：请认真阅读仪器使用说明书，再按步骤进行测试。测量单体蓄电池内阻时，也可使用专业的内阻测试仪。请将恢复完毕的电池模块重新安装到实训台架。

五、质量检查　　　成绩：

请实训指导教师检查作业结果，并针对实训过程出现的问题提出改进措施及建议。

序 号	评 价 标 准	评 价 结 果
1	按要求规范地使用设备仪器	
2	测试数据准确且认真记录	
3	规范地完成功能模拟及单体维护	
4	场地恢复及现场5S管理	
综合评价	☆ ☆ ☆ ☆ ☆	
综合评语		

六、评价反馈　　　成绩：

请根据自己在课堂中的实际表现进行自我反思和自我评价。

自我反思：_____。

自我评价：_____
_____。

实训成绩单

项 目	评 分 标 准	分 值	得 分
接收工作任务	明确工作任务，准确记录客户及车辆信息	5	
信息收集	掌握工作相关知识及操作要点	10	
制订计划	计划合理可行	10	
计划实施	安全规范地使用实训台架	15	
	正确地使用 BMS	5	
	正确地记录相关测试数据	10	
	安全规范地拆装单体蓄电池	5	
	安全规范地使用单体蓄电池充放电仪	15	
	场地恢复及现场 5S 管理	10	
质量检查	按照要求完成相应任务	5	
评价反馈	经验总结到位，合理评价	10	
得分（满分 100）			

项目二 储能系统部件

实训一 高压控制盒的更换流程

学院		专业	
姓名		学号	
小组成员		组长姓名	

一、接收工作任务　　　　　　　　　成绩：

陈先生目前在用车型为北汽新能源 EV 系列纯电动汽车。陈先生反映，最近车辆空调暖风时常不热。新能源汽车服务有限公司委派技师刘强负责对车辆进行故障诊断，经排查确认故障因 PTC 控制板损坏导致，与陈先生沟通情况后决定更换高压控制盒。

二、信息收集　　　　　　　　　　　成绩：

1）请查阅相关资料，简要叙述高压控制盒的作用。
_____
_____
_____
_____

2）请查阅相关资料，将下图内容补充完整。

接快充线束

12

三、制订计划　　　成绩：

1）请根据电动汽车维修作业要求，制订作业计划。

作业计划		
序　号	作业项目	注意事项
计划审核	审核意见：_____ _____。 　　　　　　　　____年____月____日　签字：_____	

2）请根据作业计划，完成小组成员任务分工。

操　作　人		记　录　员	
监　护　人		展　示　员	
作业注意事项			

① 实训过程中，请不要佩戴金属首饰，女生应将长发挽起。
② 若需对高压部件进行作业，必须完成高压断电流程后再操作。
③ 按照正确方法进行高低压插件的解锁，严禁蛮力拆卸。
④ 严格按照举升机的操作规程进行作业，严禁在举升装置上站立、蹲坐等。
⑤ 团队作业时，若运转设备，必须确认所有作业人员知晓且安全，方可进行操作。
⑥ 实训过程中，爱惜设备工具，按要求使用，实训结束后，完成现场5S管理。

检测设备、工具、材料			
序　号	名　　称	数　　量	清　　点
			□已清点
			□已清点
			□已清点
			□已清点
			□已清点
			□已清点
			□已清点
			□已清点
			□已清点
			□已清点

四、计划实施	成绩：

1) 请完成纯电动汽车维修作业前检查及车辆防护，并记录信息。

① 维修作业前现场环境检查。

作业内容：

作业结果：

② 维修作业前防护用具检查。

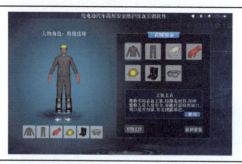

作业内容：

作业结果：

③ 维修作业前仪表工具检查。

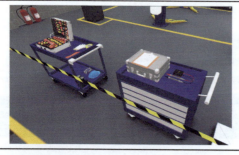

作业内容：

作业结果：

④ 维修作业前实施车辆防护。

作业内容：

作业结果：

2）请完成纯电动汽车高压断电流程，并记录信息。

① 关闭点火开关，钥匙安全存放。断开辅助蓄电池负极并绝缘处理。

点火开关位置：□START　□ON　□ACC　□LOCK

钥匙存放位置：□主修人　□安全柜　□监护人

蓄电池负极拆卸工具：_____

负极柱绝缘处理：□绝缘防尘帽　□绝缘胶带

② 拆卸维修开关，放置警示标识。举升车辆至合适位置，拆卸动力蓄电池插接器遮板。

拆卸时需佩戴手套：□白线手套　□绝缘手套

维修开关安全存放：□主修人　□安全柜　□监护人

提示：拆卸完毕后必须原位放置警示牌，避免他人误触。若实训车型无维修开关，则拆卸 PDU/PEU 低压插件

③ 断开动力蓄电池高、低压接插件并绝缘处理高压端口。

低压插件解锁方法：_____

高压插件解锁方法：_____

残余电荷释放方式：□静置5min　□验电放电

3）将与高压控制盒连接的低压插件断开，并记录信息。

低压插件解锁方法：_____

低压插件有效针脚数量：_____个

4）将与高压控制盒连接的快充线束断开，并记录信息。

快充线束解锁方法：_____
_____

快充线束锁止机构级数：_____级

5）将与高压控制盒连接的高压附件线束、电机控制器高压电缆、动力蓄电池高压电缆依次断开，并记录信息。

高压插件解锁方法：_____
_____

高压插件插头所属类型：_____

6）拆卸高压控制盒与前机舱集成安装支架固定螺栓，拆卸完成后将其放置在工作台，并记录信息。

拆卸方法：_____
_____

螺栓数量：_____个　螺栓规格：_____

拆卸工具：_____

7）依次拆卸高压控制盒盒盖、熔断器、PTC 控制板等，观察内部结构，并记录信息。

快速熔断器数量：_____个　高压继电器数量：_____个

PTC 控制板低压插件有效针脚数量：_____个

提示：若教学规定不允许开盖拆解，则忽略此步骤

8）更换高压控制盒，按拆卸相反顺序安装高低压线束，恢复车辆，上电检查仪表信息。

仪表现象：□正常无故障　□异常报故障
提示：安装时，先连接高压插件，再连接低压插件。若进行开盖拆解，则恢复时务必保证内部器件连接正确

五、质量检查　　成绩：

请实训指导教师检查作业结果，并针对实训过程出现的问题提出改进措施及建议。

序号	评价标准	评价结果
1	规范地完成作业前准备工作	
2	规范地完成高压断电流程	
3	规范地完成部件拆装任务	
4	场地恢复及现场5S管理	
综合评价	☆ ☆ ☆ ☆ ☆	
综合评语		

六、评价反馈　　成绩：

请根据自己在课堂中的实际表现进行自我反思和自我评价。

自我反思：_____。

自我评价：_____。

实训成绩单

项　目	评 分 标 准	分　值	得　分
接收工作任务	明确工作任务，准确记录客户及车辆信息	5	
信息收集	掌握工作相关知识及操作要点	10	
制订计划	计划合理可行	10	
计划实施	作业前准备工作	15	
	高压断电流程	10	
	高压控制盒高低压线束、插件解锁	10	
	高压控制盒整体拆装及更换	15	
	场地恢复及现场5S管理	10	
质量检查	按照要求完成相应任务	5	
评价反馈	经验总结到位，合理评价	10	
得分（满分100）			

实训二　车载充电机的更换流程

学院		专业	
姓名		学号	
小组成员		组长姓名	

一、接收工作任务　　　　　　　　　　成绩：

客户刘先生两年前购买了一款北汽新能源 EV 系列纯电动汽车，最近在进行交流慢充桩充电时，发现仪表无充电界面且车载充电机故障指示灯点亮。新能源汽车服务有限公司委派技师刘强负责对车辆进行故障诊断，经排查确认故障因车载充电机内部主控板损坏导致，与刘先生沟通情况后决定更换车载充电机。

二、信息收集　　　　　　　　　　　　成绩：

1）请查阅相关资料，简要叙述车载充电机的作用。

_____
_____
_____
_____

2）请查阅相关资料，说明车载充电机各指示灯的含义。

指示灯	含　义
POWER	
CHARGE	
ERROR	

3）请查阅相关资料，说明车载充电机低压插件针脚定义。

针　脚	含　义	针　脚	含　义
A1		A11	
A2		A13	
A5		A15	
A8		A16	
A9			

三、制订计划   成绩：

1）请根据电动汽车维修作业要求，制订作业计划。

作业计划		
序 号	作业项目	注意事项

计划审核	审核意见：_____ _____。 ___年___月___日 签字：_____

2）请根据作业计划，完成小组成员任务分工。

操 作 人		记 录 员	
监 护 人		展 示 员	
作业注意事项			

① 实训过程中，请不要佩戴金属首饰，女生应将长发挽起。
② 若需对高压部件进行作业，必须完成高压断电流程后再操作。
③ 按照正确方法进行高低压插件的解锁，严禁蛮力拆卸。
④ 严格按照举升机的操作规程进行作业，严禁在举升装置上站立、蹲坐等。
⑤ 团队作业时，若运转设备必须确认所有作业人员知晓且安全，方可进行操作。
⑥ 实训过程中，爱惜设备工具，按要求使用，实训结束后，完成现场5S管理。

检测设备、工具、材料			
序 号	名 称	数 量	清 点
			□已清点
			□已清点
			□已清点
			□已清点
			□已清点
			□已清点
			□已清点
			□已清点

四、计划实施　　　　　　　　　　　成绩：

1) 请完成纯电动汽车维修作业前检查及车辆防护，并记录信息。

① 维修作业前现场环境检查。

作业内容：

作业结果：

② 维修作业前防护用具检查。

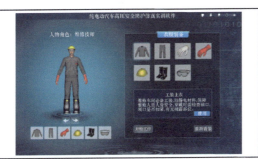

作业内容：

作业结果：

③ 维修作业前仪表工具检查。

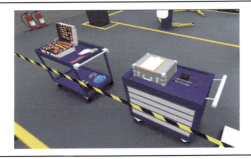

作业内容：

作业结果：

④ 维修作业前实施车辆防护。

作业内容：

作业结果：

2）请完成纯电动汽车高压断电流程，并记录信息。

① 关闭点火开关，钥匙安全存放。断开辅助蓄电池负极并绝缘处理。

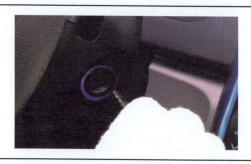

点火开关位置：□START □ON □ACC □LOCK

钥匙存放位置：□主修人 □安全柜 □监护人

蓄电池负极拆卸工具：_____

负极柱绝缘处理：□绝缘防尘帽 □绝缘胶带

② 拆卸维修开关，放置警示标识。举升车辆至合适位置，拆卸动力蓄电池插接器遮板。

拆卸时需佩戴手套：□白线手套 □绝缘手套

维修开关安全存放：□主修人 □安全柜 □监护人

提示：拆卸完毕后必须原位放置警示牌，避免他人触电。若实训车型无维修开关，则拆卸 PDU/PEU 低压插件

③ 断开动力蓄电池高、低压接插件并绝缘处理高压端口。

低压插件解锁方法：_____

高压插件解锁方法：_____

残余电荷释放方式：□静置5min □验电放电

3）将与车载充电机连接的低压插件断开，并记录信息。

低压插件解锁方法：_____

_____

低压插件有效针脚数量：_____个

4）将与车载充电机连接的高压插件断开，并记录信息。

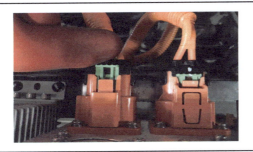

高压插件解锁方法：_____

_____

高压插件锁止机构级数：_____级

5）拆卸车载充电机与前机舱集成安装支架固定螺栓，拆卸完成后将其放置在工作台，并记录信息。

拆卸方法：_____

_____

螺栓数量：_____个　螺栓规格：_____

拆卸工具：_____

6）拆卸车载充电机底板、高低压插件连接板等部件，观察内部结构，并记录信息。

记录信息：_____

提示：若教学规定不允许开盖拆解，则忽略此步骤。因内部结构安装严密，原则上不建议进行开盖拆解，请慎重

7）更换车载充电机，按拆卸相反顺序安装高低压线束，恢复车辆，上电检查仪表信息。

仪表现象：□正常无故障　□异常报故障

提示：安装时，先连接高压插件，再连接低压插件。若进行开盖拆解，则恢复时务必保证内部器件连接正确

五、质量检查　　　成绩：

请实训指导教师检查作业结果，并针对实训过程出现的问题提出改进措施及建议。

序　号	评价标准	评价结果
1	规范地完成作业前准备工作	
2	规范地完成高压断电流程	
3	规范地完成部件拆装任务	
4	场地恢复及现场 5S 管理	
综合评价	☆☆☆☆☆	
综合评语		

六、评价反馈　　　成绩：

请根据自己在课堂中的实际表现进行自我反思和自我评价。

自我反思：_____
_____。

自我评价：_____
_____。

实训成绩单

项　目	评分标准	分　值	得　分
接收工作任务	明确工作任务，准确记录客户及车辆信息	5	
信息收集	掌握工作相关知识及操作要点	10	
制订计划	计划合理可行	10	
计划实施	作业前准备工作	15	
	高压断电流程	10	
	车载充电机高低压线束、插件解锁	10	
	车载充电机整体拆装及更换	15	
	场地恢复及现场 5S 管理	10	
质量检查	按照要求完成相应任务	5	
评价反馈	经验总结到位，合理评价	10	
得分（满分 100）			

实训三　DC/DC 变换器的更换流程

学院		专业	
姓名		学号	
小组成员		组长姓名	

一、接收工作任务　　　　　　　　　成绩：

　　客户陈女士在用车型为北汽新能源 EV 系列纯电动汽车，近期车辆仪表间歇性提示蓄电池故障，且相应故障灯点亮。新能源汽车服务有限公司委派技师刘强负责对车辆进行故障诊断，经排查确认故障因 DC/DC 变换器内部电容击穿导致，与陈女士沟通情况后决定更换 DC/DC 变换器。

二、信息收集　　　　　　　　　　　成绩：

1）请查阅相关资料，简要叙述 DC/DC 变换器的作用。

_____

_____

_____

_____

2）请查阅相关资料，说明 DC/DC 变换器各插件定义。

序　号	插件名称
1	
2	
3	
4	

3）请查阅相关资料，完成 DC/DC 变换器工作状态判断方法或步骤的填写。

第一步，_____

_____。

第二步，_____

_____。

三、制订计划　　　　　　　　　　　成绩：

1）请根据电动汽车维修作业要求，制订作业计划。

作业计划		
序　号	作业项目	注意事项
计划审核	审核意见：_____ _____。 　　　　　　　　　　　____年____月____日　签字：_____	

2）请根据作业计划，完成小组成员任务分工。

操　作　人		记　录　员	
监　护　人		展　示　员	
作业注意事项			

① 实训过程中，请不要佩戴金属首饰，女生应将长发挽起。
② 若需对高压部件进行作业，必须完成高压断电流程后再操作。
③ 按照正确方法进行高低压插件的解锁，严禁蛮力拆卸。
④ 严格按照举升机的操作规程进行作业，严禁在举升装置上站立、蹲坐等。
⑤ 团队作业时，若运转设备，必须确认所有作业人员知晓且安全，方可进行操作。
⑥ 实训过程中，爱惜设备工具，按要求使用，实训结束后，完成现场5S管理。

检测设备、工具、材料			
序　号	名　称	数　量	清　点
			□已清点
			□已清点
			□已清点
			□已清点
			□已清点
			□已清点
			□已清点
			□已清点
			□已清点
			□已清点

四、计划实施　　　　　　　　　　　成绩：

1）请完成纯电动汽车维修作业前检查及车辆防护，并记录信息。

① 维修作业前现场环境检查。

作业内容：

作业结果：

② 维修作业前防护用具检查。

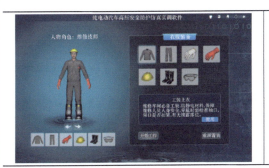

作业内容：

作业结果：

③ 维修作业前仪表工具检查。

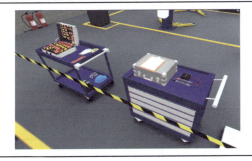

作业内容：

作业结果：

④ 维修作业前实施车辆防护。

作业内容：

作业结果：

2）请完成纯电动汽车高压断电流程，并记录信息。
① 关闭点火开关，钥匙安全存放。断开辅助蓄电池负极并绝缘处理。

点火开关位置：□START　□ON　□ACC　□LOCK

钥匙存放位置：□主修人　□安全柜　□监护人

蓄电池负极拆卸工具：_____

负极柱绝缘处理：□绝缘防尘帽　□绝缘胶带

② 拆卸维修开关，放置警示标识。举升车辆至合适位置，拆卸动力蓄电池插接器遮板。

拆卸时需佩戴手套：□白线手套　□绝缘手套

维修开关安全存放：□主修人　□安全柜　□监护人

提示：拆卸完毕后必须原位放置警示牌，避免他人触电。若实训车型无维修开关，则拆卸 PDU/PEU 低压插件

③ 断开动力蓄电池高、低压接插件并绝缘处理高压端口。

低压插件解锁方法：_____

高压插件解锁方法：_____

残余电荷释放方式：□静置5min　□验电放电

3）将与 DC/DC 变换器连接的低压插件断开，并记录信息。

低压插件解锁方法：_____

控制插件有效针脚数量：_____个

4)将与 DC/DC 变换器连接的高压插件断开，并记录信息。

高压插件解锁方法：_____

_____

高压插件有效针脚数量：_____个

5)拆卸 DC/DC 变换器与前机舱集成安装支架固定螺栓，拆卸完成后将其放置在工作台，并记录信息。

拆卸方法：_____

_____

螺栓数量：_____个　螺栓规格：_____

拆卸工具：_____

6)拆卸 DC/DC 变换器底板，观察内部结构，并记录信息。

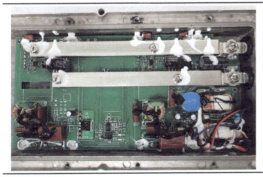

记录信息：_____

提示：若教学规定不允许开盖拆解，则忽略此步骤。因内部结构安装严密，原则上不建议进行开盖拆解，请慎重

7)更换 DC/DC 变换器，按拆卸相反顺序安装高低压线束，恢复车辆，上电检查仪表信息。

仪表现象：□正常无故障　□异常报故障

提示：安装时，先连接高压插件，再连接低压插件。若进行开盖拆解，则恢复时务必保证内部器件连接正确

五、质量检查　　　　　　　　　　　成绩：

请实训指导教师检查作业结果，并针对实训过程出现的问题提出改进措施及建议。

序　号	评 价 标 准	评 价 结 果
1	规范地完成作业前准备工作	
2	规范地完成高压断电流程	
3	规范地完成部件拆装任务	
4	场地恢复及现场 5S 管理	
综合评价	☆☆☆☆☆	
综合评语		

六、评价反馈　　　　　　　　　　　成绩：

请根据自己在课堂中的实际表现进行自我反思和自我评价。

自我反思：_____

_____。

自我评价：_____

_____。

实训成绩单

项　目	评分标准	分　值	得　分
接收工作任务	明确工作任务，准确记录客户及车辆信息	5	
信息收集	掌握工作相关知识及操作要点	10	
制订计划	计划合理可行	10	
计划实施	作业前准备工作	15	
	高压断电流程	10	
	DC/DC 变换器高低压线束、插件解锁	10	
	DC/DC 变换器整体拆装及更换	15	
	场地恢复及现场 5S 管理	10	
质量检查	按照要求完成相应任务	5	
评价反馈	经验总结到位，合理评价	10	
得分（满分 100）			

实训四 动力蓄电池的更换流程

学院		专业	
姓名		学号	
小组成员		组长姓名	

一、接收工作任务　　成绩：

客户孙先生在行车过程中出现间歇性高压掉电，且续驶里程大幅度锐减。故前往新能源汽车服务有限公司进行故障诊断维修，技师刘强经数据分析及诊断检查，确认动力蓄电池内部出现故障，委派学徒工王磊完成动力蓄电池的拆装任务。

二、信息收集　　成绩：

1）请查阅相关资料，简述下图中各工具的作用。

绝缘手套/线手套

安全帽/绝缘鞋

标识牌

绝缘表

封口胶带

护目镜　绝缘地垫　安全警戒线

拆卸工具

放电工装　动力蓄电池举升车

_____
_____
_____
_____
_____

2）请根据曲线图所示，简述电池容量、循环次数、电池内阻之间的关系。

答题区：_____
_____
_____
_____
_____

3）请查阅相关资料，简述三元协同效应。

三元电池是指_____。

Co 元素增加能有效减少阳离子混排，降低_____，提高电导率及改善充放电循环性能，但随着 Co 元素增加，材料的可逆嵌锂容量下降，成本增加。Ni 元素的存在有利于_____，但过多的 Ni 元素会使材料的循环性能恶化。Mn 元素可以_____，而且结构稳定，可提高材料的_____和_____。Mn 元素含量过高会出现尖晶石而破坏材料的_____。

三、制订计划　　　　　　　　　　　　成绩：

1）根据电动汽车维修作业要求，制订作业计划。

作业计划		
序　号	作业项目	注意事项
计划审核	审核意见： 　　　　　　　　　　　____年____月____日　签字：_____	

2）请根据作业计划，完成小组成员任务分工。

操　作　人		记　录　员	
监　护　人		展　示　员	
作业注意事项			

① 实训过程中，请不要佩戴金属首饰，女生应将长发挽起。
② 若需对高压部件进行作业，必须完成高压断电流程后再操作。
③ 按照正确方法进行高低压插件的解锁，严禁蛮力拆卸。
④ 严格按照举升车的操作规程进行作业，严禁在举升装置上站立、蹲坐等。
⑤ 团队作业时，若运转设备，必须确认所有作业人员知晓且安全，方可进行操作。
⑥ 实训过程中，爱惜设备工具，按要求使用，实训结束后，完成现场 5S 管理。

检测设备、工具、材料			
序　号	名　　称	数　量	清　点
			□已清点
			□已清点
			□已清点
			□已清点
			□已清点
			□已清点
			□已清点
			□已清点

四、计划实施

成绩：

1）请完成纯电动汽车维修作业前检查及车辆防护，并记录信息。

① 维修作业前现场环境检查。

作业内容：

作业结果：

② 维修作业前防护用具检查。

作业内容：

作业结果：

③ 维修作业前仪表工具检查。

作业内容：

作业结果：

④ 维修作业前实施车辆防护。

作业内容：

作业结果：

2）请完成纯电动汽车高压断电流程，并记录信息。

① 关闭点火开关，钥匙安全存放。断开低压蓄电池负极并绝缘处理。

点火开关位置：□START　□ON　□ACC　□LOCK

钥匙存放位置：□主修人　□安全柜　□监护人

蓄电池负极拆卸工具：_____

负极柱绝缘处理：□绝缘防尘帽　□绝缘胶带

② 拆卸维修开关，放置警示标识。举升车辆至合适位置，拆卸动力蓄电池插接器遮板。

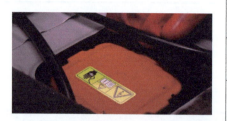

拆卸时需佩戴手套：□白线手套　□绝缘手套

维修开关安全存放：□主修人　□安全柜　□监护人

提示：拆卸完毕后必须原位放置警示牌，避免他人触电。若实训车型无维修开关，则拆卸 PDU/PEU 低压插件

③ 断开动力蓄电池高、低压接插件并绝缘处理高压端口。

低压插件解锁方法：_____

高压插件解锁方法：_____

残余电荷释放方式：□静置5min　□验电放电

3）拆卸前检查动力蓄电池底部，并记录数据。

底部表面检查：□划痕　□锈蚀　□凹陷　□完好

慢充线束检查：□破损　□裂纹　□松动　□完好

提示：拆卸前若发现动力蓄电池底部表面存在问题，必须及时记录且上报主管批复后再进行

4）举升车推至动力蓄电池底部位置锁止脚轮，连接气源后检查举升车性能。

举升车脚轮锁止个数：□1　□2　□3　□4	
检查动力蓄电池举升车托盘：□举升正常 □举升卡滞	
检查举升车液压装置：□完好 □漏油	
提示：若发现动力蓄电池举升车存在故障，必须及时更换举升设备	

5）举升托住动力蓄电池，按顺序拆卸固定螺栓。

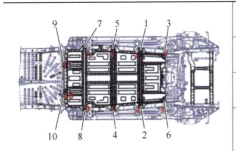

底盘动力蓄电池固定螺栓数量：□8　□10

定位销安装位置：□左前 □左后 □右前 □右后

动力蓄电池固定螺栓品牌：_____

提示：临近动力蓄电池箱底时缓慢举升，保持动力蓄电池重心平稳，托盘与动力蓄电池紧密贴合后，停止举升

6）缓慢降下动力蓄电池，移动到指定位置，完成外观检查，并记录信息。

检查螺栓及螺纹孔：□完好　□损坏

检查动力蓄电池箱体外壳：□完好　□破损　□裂纹

记录动力蓄电池编码：_____

提示：降下动力蓄电池时，切勿断开举升车气源，切勿将手放置在举升车支臂间

7）待维修完毕，检查动力蓄电池舱，按相反顺序安装动力蓄电池，并上电检查。

检查动力蓄电池舱：□完好　□脏污　□锈蚀

固定螺栓规定力矩：____ N·m

仪表现象：□正常无故障　□异常报故障

提示：安装时，先连接高压插件，再连接低压插件

五、质量检查　　成绩：

请实训指导教师检查作业结果,并针对实训过程出现的问题提出改进措施及建议。

序　号	评价标准	评价结果
1	规范地完成作业前准备工作	
2	规范地完成高压断电流程	
3	规范地完成部件拆装任务	
4	场地恢复及现场5S管理	
综合评价	☆☆☆☆☆	
综合评语		

六、评价反馈　　成绩：

请根据自己在课堂中的实际表现进行自我反思和自我评价。

自我反思：_____

_____。

自我评价：_____

_____。

实训成绩单

项　目	评分标准	分　值	得　分
接收工作任务	明确工作任务,准确记录客户及车辆信息	5	
信息收集	掌握工作相关知识及操作要点	10	
制订计划	计划合理可行	10	
计划实施	作业前准备工作	15	
	高压断电流程	10	
	动力蓄电池底部及外观检查	5	
	拆卸前进行动力蓄电池举升车的检查	5	
	动力蓄电池整体拆装及更换	15	
	场地恢复及现场5S管理	10	
质量检查	按照要求完成相应任务	5	
评价反馈	经验总结到位,合理评价	10	
得分（满分100）			

项目三　充电系统

实训一　慢充充电正常但无充电连接指示灯故障排查

学院		专业	
姓名		学号	
小组成员		组长姓名	

一、接收工作任务　　　　　　　　　成绩：

1. 企业工作任务

客户王先生近期新购一款北汽新能源 EV 系列纯电动汽车，使用仅仅三个月，期间无任何维修历史。近日，他反映整车上电时仪表显示正常，但使用交流充电桩充电时，仪表"充电线连接指示灯"熄灭，提示"请连接充电枪"文字。随后他联系了新能源汽车服务有限公司，技师刘强负责对车辆进行故障诊断与维修。

2. 确认故障现象

1）记录整车上电仪表信息数据。

点火钥匙位置：□START　□ON　□ACC　□LOCK	
READY 指示灯：□熄灭　□点亮	续驶里程：____km
档位情况：□R　□N　□D　□E	动力蓄电池电压值：____V
仪表现象：	

2）记录慢充充电仪表信息数据。

点火钥匙位置：□START　□ON　□ACC　□LOCK	
慢充充电界面：□显示　□黑屏	充电电压：____V
充电连接指示灯：□熄灭　□点亮	充电电流：____A
其他：	

二、信息收集 成绩：

1) 请查阅相关资料，说明慢充口各针脚定义。

针脚	含义	针脚	含义
CP		PE	
CC		NC1	
N		NC2	
L			

2) 请查阅相关资料，完成以下信息的填写。
组合仪表中，"充电指示灯"的点亮条件为_____
_____。

"充电枪连接指示灯"的点亮条件为_____
_____。

3) 请查阅相关资料，绘制慢充连接确认信号电路示意图。

三、制订计划 成绩：

1) 请根据车辆实际的故障现象，制订针对该故障现象维修的作业计划。
① 故障现象描述。根据客户故障现象描述及确认故障现象，本次维修作业任务为____
_____

② 故障原因分析。
_____
_____
_____
_____

2）请根据电动汽车维修作业要求，制订作业计划。

作业计划		
序　号	作业项目	注意事项
计划审核	审核意见： 　　　　　　　　　　　　　　　　　　　　　年___月___日　签字：_____	

3）请根据作业计划，完成小组成员任务分工。

操　作　人		记　录　员	
监　护　人		展　示　员	
作业注意事项			

① 严格按照标准完成维修作业前准备工作，注意高压安全防护及车辆整洁维护。
② 故障诊断排查坚持"安全第一"原则，严禁私自拉接线束、短路连接等违规操作。
③ 严格按照实训步骤进行实训任务，严禁使用尖锐工具暴力拆卸插接件、针脚等。
④ 团队作业时，若运转设备，必须确认所有作业人员知晓且安全，方可进行操作。
⑤ 实训过程中，爱惜设备工具，按要求使用，实训结束后，完成现场5S管理。

检测设备、工具、材料			
序　号	名　称	数　量	清　点
			□已清点
			□已清点
			□已清点
			□已清点
			□已清点
			□已清点
			□已清点
			□已清点
			□已清点
			□已清点

四、计划实施　　　　　　　　　　成绩：

1）请完成纯电动汽车维修作业前检查及车辆防护，并记录信息。
① 维修作业前现场环境检查。

作业内容：

作业结果：

② 维修作业前防护用具检查。

作业内容：_____

作业结果：_____

③ 维修作业前仪表工具检查。

作业内容：_____

作业结果：_____

④ 维修作业前实施车辆防护。

作业内容：_____

作业结果：_____

2）请利用 BDS 诊断软件读取故障码，并记录数据。

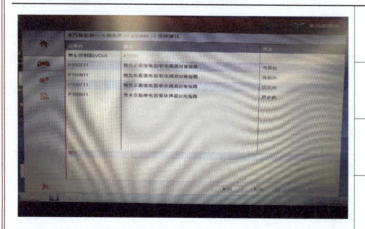

故障码	故障码说明

结果分析：_____

3）请根据步骤2）的结果分析，利用 BDS 诊断软件读取相关系统数据流信息，并记录数据。

整车 State 状态：_____

数据流信息：_____

结果分析：_____

4）请利用检测工具完成慢充连接确认信号电路检查，并记录数据。

① 检查车载充电机低压插件及针脚状态。

车载充电机：插件 □连接紧固　□松动，需紧固
　　　　　　针脚 □完好无损　□异常，需修复

VCU：插件 □连接紧固　□松动，需紧固
　　　针脚 □完好无损　□异常，需修复

结果分析：_____

② 检查慢充连接确认信号电路状态。

CHG _____ 脚与 VCU _____ 脚　□导通　□不导通
VCU _____ 脚与 ICM _____ 脚　□导通　□不导通

结果分析：_____

5）请利用检测工具完成充电线连接指示灯供电回路检查，并记录数据。

	前机舱电器盒熔丝编号_____ 　□导通　□不导通
	熔丝_____插座与电器盒供电端子：□导通　□不导通
	低压蓄电池与前机舱电器盒供电端子：□导通　□不导通
	熔丝_____插座与车载充电机_____脚：□导通　□不导通

结果分析：_____

_____

6）请完成整车上电及慢充操作，以验证故障现象是否解除。

① 记录整车上电仪表信息数据。

	点火钥匙位置：□START　□ON　□ACC　□LOCK	
	READY 指示灯：□熄灭　□点亮	续驶里程：____ km
	档位情况：□R　□N　□D　□E	动力蓄电池电压值：____ V
	仪表现象：_____	

② 记录慢充充电仪表信息数据。

	点火钥匙位置：□START　□ON　□ACC　□LOCK	
	慢充充电界面：□显示　□黑屏	充电电压：____ V
	充电连接指示灯：□熄灭　□点亮	充电电流：____ A
	其他：_____	

③ 故障验证结论。

结论：_____

_____

_____

五、质量检查　　　成绩：

请实训指导教师检查作业结果，并针对实训过程出现的问题提出改进措施及建议。

序　号	评　价　标　准	评　价　结　果
1	正确地记录车辆故障现象及原因	
2	维修作业前准备工作及车辆防护	
3	安全规范地执行高压断电操作流程	
4	正确规范地完成车辆故障排查步骤	
5	完成故障验证及结论	
综合评价	☆☆☆☆☆	
综合评语		

六、评价反馈　　　成绩：

请根据自己在课堂中的实际表现进行自我反思和自我评价。

自我反思：_____

_____。

自我评价：_____

_____。

实训成绩单

项　目	评分标准	分　值	得　分
接收工作任务	明确工作任务，准确记录客户及车辆信息	5	
信息收集	掌握工作相关知识及操作要点	10	
制订计划	计划合理可行	10	
计划实施	正确规范地完成作业前准备及车辆防护工作	10	
计划实施	熟练地使用 BDS 诊断软件完成数据流查询及故障码读取	10	
计划实施	规范地完成慢充连接确认信号电路检查	10	
计划实施	规范地完成充电线连接指示灯供电回路检查	10	
计划实施	正确记录测量数据	5	
计划实施	完成故障验证及结论	5	
计划实施	场地恢复及现场 5S 管理	10	
质量检查	按照要求完成相应任务	5	
评价反馈	经验总结到位，合理评价	10	
得分（满分100）			

实训二　慢充充电仪表无充电界面故障排查

学院		专业	
姓名		学号	
小组成员		组长姓名	

一、接收工作任务	成绩：

1. 企业工作任务

冯先生因工作需要，驾车前往天津出差，临行前在小区内采用交流充电桩充电。充电时，仪表无任何反应且无法慢充。冯先生所用车型为北汽新能源 EV 系列纯电动汽车，随后联系新能源汽车服务有限公司，技师刘强负责对车辆进行故障诊断与维修。

2. 确认故障现象

① 记录整车上电仪表信息数据。

点火钥匙位置：□START　□ON　□ACC　□LOCK	
READY 指示灯：□熄灭　□点亮	续驶里程：____ km
档位情况：　　□R　□N　□D　□E	动力蓄电池电压值：____ V
仪表现象：_____	

② 记录慢充充电仪表信息数据。

点火钥匙位置：□START　□ON　□ACC　□LOCK	
慢充充电界面：□显示　□黑屏	充电电压：____ V
充电连接指示灯：□熄灭　□点亮	充电电流：____ A
其他：_____	

二、信息收集	成绩：

1) 请查阅相关资料，完成家用慢充充电枪信息的填写。

家用慢充充电枪有多种形式，一般由_____组成，依据不同充电线种类规定不同的充电电流，由_____检测充电枪头的 RC 阻值来区分。

当 RC 阻值为 680Ω 时，最大充电电流为_____ A；当 RC 阻值为 220Ω 时，最大充电电流为_____ A。

2）请查阅相关资料，说明车载充电机交流输入高压插件各针脚定义。

针脚	含义	针脚	含义
1		4	
2		5	
3		6	

3）请查阅相关资料，绘制慢充唤醒信号电路示意图。

三、制订计划　　成绩：

1）请根据车辆实际的故障现象，制订针对该故障现象维修的作业计划。

① 故障现象描述。根据客户故障现象描述及确认故障现象，本次维修作业任务为_____。

② 故障原因分析。

2）请根据电动汽车维修作业要求，制订作业计划。

作业计划		
序　号	作 业 项 目	注 意 事 项
计划审核	审核意见：_____。____年____月____日　签字：_____	

3）根据作业计划，完成小组成员任务分工。

操 作 人		记 录 员	
监 护 人		展 示 员	
作业注意事项			

① 严格按照标准完成维修作业前准备工作，注意高压安全防护及车辆整洁维护。
② 故障诊断排查坚持"安全第一"原则，严禁私自拉接线束、短路连接等违规操作。
③ 严格按照实训步骤进行实训任务，严禁使用尖锐工具暴力拆卸插接件、针脚等。
④ 团队作业时，若运转设备，必须确认所有作业人员知晓且安全，方可进行操作。
⑤ 实训过程中，爱惜设备工具，按要求使用，实训结束后，完成现场5S管理。

检测设备、工具、材料			
序　号	名　称	数　量	清　点
			□已清点
			□已清点
			□已清点
			□已清点
			□已清点
			□已清点
			□已清点
			□已清点
			□已清点
			□已清点

四、计划实施　　　　　　　　　　　成绩：

1）请完成纯电动汽车维修作业前检查及车辆防护，并记录信息。
① 维修作业前现场环境检查。

作业内容：

作业结果：

② 维修作业前防护用具检查。

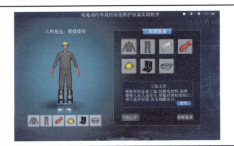

作业内容：

作业结果：

③ 维修作业前仪表工具检查。

作业内容：

作业结果：

④ 维修作业前实施车辆防护。

作业内容：

作业结果：

2）请利用 BDS 诊断软件读取故障码，并记录数据。

故障码	故障码说明

结果分析：

3）请根据步骤2）的结果分析，利用 BDS 诊断软件读取相关系统数据流信息，并记录数据。

整车 State 状态：_____

数据流信息：_____
_____
_____
_____

结果分析：_____
_____

4）请利用检测工具完成车载充电机低压插件及唤醒信号检查，并记录数据。

车载充电机：插件 □连接紧固　　□松动，需紧固
　　　　　　针脚 □完好无损　　□异常，需修复

检测工具：_____
唤醒信号：_____ V

结果分析：_____
_____

5）请利用检测工具完成慢充唤醒信号回路检查，并记录数据。

CHG _____脚与 VCU _____脚　□导通　□不导通
CHG _____脚与 ICM _____脚　□导通　□不导通
CHG _____脚与 RMS _____脚　□导通　□不导通

结果分析：_____
_____

6）请完成整车上电及慢充操作，以验证故障现象是否解除。

① 记录整车上电仪表信息数据。

点火钥匙位置：□START □ON □ACC □LOCK	
READY 指示灯：□熄灭 □点亮	续驶里程：____ km
档位情况：□R □N □D □E	动力蓄电池电压值：____ V
仪表现象：	

② 记录慢充充电仪表信息数据。

点火钥匙位置：□START □ON □ACC □LOCK	
慢充充电界面：□显示 □黑屏	充电电压：____ V
充电连接指示灯：□熄灭 □点亮	充电电流：____ A
其他：	

③ 故障验证结论。

结论：_____

_____

_____

五、质量检查　　成绩：

请实训指导教师检查作业结果，并针对实训过程出现的问题提出改进措施及建议。

序　号	评　价　标　准	评 价 结 果
1	正确地记录车辆故障现象并分析原因	
2	维修作业前准备工作及车辆防护	
3	安全规范地执行高压断电操作流程	
4	正确规范地完成车辆故障排查步骤	
5	完成故障验证及结论	
综合评价	☆ ☆ ☆ ☆ ☆	
综合评语		

六、评价反馈	成绩：

请根据自己在课堂中的实际表现进行自我反思和自我评价。

自我反思：_____。

自我评价：_____。

实训成绩单

项　目	评分标准	分　值	得　分
接收工作任务	明确工作任务，准确记录客户及车辆信息	5	
信息收集	掌握工作相关知识及操作要点	10	
制订计划	计划合理可行	10	
计划实施	正确规范地完成作业前准备及车辆防护工作	10	
计划实施	熟练地使用 BDS 诊断软件完成数据流查询及故障码读取	10	
计划实施	规范地完成车载充电机插件及唤醒信号的检查	10	
计划实施	规范地完成慢充唤醒信号回路检查	10	
计划实施	正确地记录测量数据	5	
计划实施	完成故障验证及结论	5	
计划实施	场地恢复及现场 5S 管理	10	
质量检查	按照要求完成相应任务	5	
评价反馈	经验总结到位，合理评价	10	
	得分（满分100）		

实训三　快充桩与车辆无法通信故障排查

学院		专业	
姓名		学号	
小组成员		组长姓名	

一、接收工作任务	成绩：

1. 企业工作任务

刘女士上周因早高峰匆忙出行发生追尾事故，车辆经维修后已交付刘女士。昨日，刘女士驾车前往郊区游玩，在快速路充电站采用直流充电桩充电。此时快充桩显示无法与车辆连接，仪表无充电界面。随后联系新能源汽车服务有限公司，技师刘强负责对车辆进行故障诊断与维修。

2. 确认故障现象

1）记录整车上电仪表信息数据。

	点火钥匙位置：□START □ON □ACC □LOCK	
	READY 指示灯：□熄灭 □点亮	续驶里程：____ km
	档位情况：□R □N □D □E	动力蓄电池电压值：____ V
	仪表现象：_____	

2）记录快充充电仪表信息数据。

	点火钥匙位置：□START □ON □ACC □LOCK	
	快充充电界面：□显示 □黑屏	充电电压：____ V
	充电连接指示灯：□熄灭 □点亮	充电电流：____ A
	其他：_____	

二、信息收集　　成绩：

1) 请查阅相关资料，说明快充接口各针脚定义。

针脚	含义	针脚	含义

2) 请查阅相关资料，简要叙述快充系统充电过程。

3) 请查阅相关资料，绘制快充唤醒信号控制示意图。

三、制订计划　　成绩：

1) 请根据车辆实际的故障现象，制订针对该故障现象维修的作业计划。

① 故障现象描述。

根据客户故障现象描述及确认故障现象，本次维修作业任务为_____

② 故障原因分析。

2）请根据电动汽车维修作业要求，制订作业计划。

作业计划		
序　号	作业项目	注意事项
计划审核	审核意见：_____ _____。 　　　　　　　　　　　　　　　　　___年___月___日　签字：_____	

3）根据作业计划，完成小组成员任务分工。

操　作　人		记　录　员	
监　护　人		展　示　员	
作业注意事项			

① 严格按照标准完成维修作业前准备工作，注意高压安全防护及车辆整洁维护。
② 故障诊断排查坚持"安全第一"原则，严禁私自拉接线束、短路连接等违规操作。
③ 严格按照实训步骤进行实训任务，严禁使用尖锐工具暴力拆卸插接件、针脚等。
④ 团队作业时，若运转设备，必须确认所有作业人员知晓且安全，方可进行操作。
⑤ 实训过程中，爱惜设备工具，按要求使用，实训结束后，完成现场5S管理。

检测设备、工具、材料			
序　号	名　称	数　量	清　点
			□已清点
			□已清点
			□已清点
			□已清点
			□已清点
			□已清点
			□已清点
			□已清点
			□已清点
			□已清点

四、计划实施	成绩:

1）请完成纯电动汽车维修作业前检查及车辆防护，并记录信息。

① 维修作业前现场环境检查。

作业内容：

作业结果：

② 维修作业前防护用具检查。

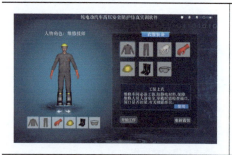

作业内容：

作业结果：

③ 维修作业前仪表工具检查。

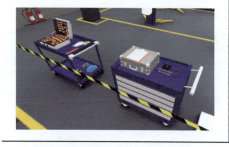

作业内容：

作业结果：

④ 维修作业前实施车辆防护。

作业内容：

作业结果：

2）请利用 BDS 诊断软件读取故障码，并记录数据。

故障码	故障码说明

结果分析：_____
_____

3）请根据步骤2）的结果分析，利用 BDS 诊断软件读取相关系统数据流信息，并记录数据。

整车 State 状态：_____

数据流信息：_____
_____
_____
_____

结果分析：_____
_____

4）请利用检测工具完成快充线束检查，并记录数据。

低压插件	□连接紧固	□松动，需紧固
高压插件	□连接紧固	□松动，需紧固
车身搭铁	□连接紧固	□松动，需紧固

结果分析：_____
_____

5）请利用检测工具完成快充唤醒信号回路检查，并记录数据。

| 前机舱电器盒熔丝编号_____ | □导通 □不导通 |

熔丝_____插座与 VCU _____脚： □导通 □不导通

熔丝_____插座与 ICM _____脚： □导通 □不导通

快充口_____脚与低压插件_____脚： □导通 □不导通

结果分析：_____

6）请利用检测工具完成快充连接确认信号回路检查，并记录数据。

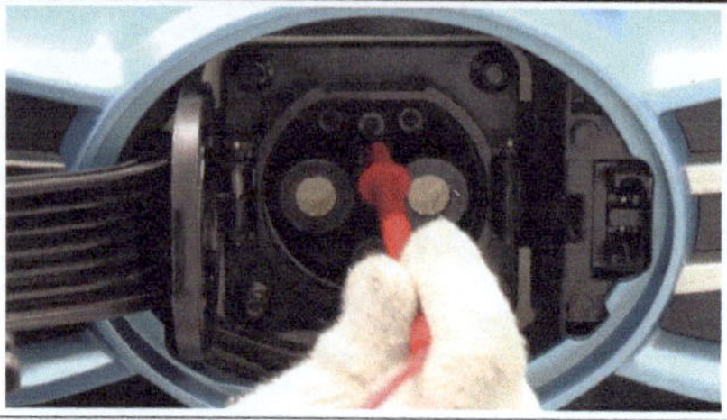

快充口_____脚与低压插件_____脚： □导通 □不导通
低压插件_____脚与 VCU _____脚： □导通 □不导通

结果分析：_____

7）请利用检测工具完成快充低压辅助电源供电回路检查，并记录数据。

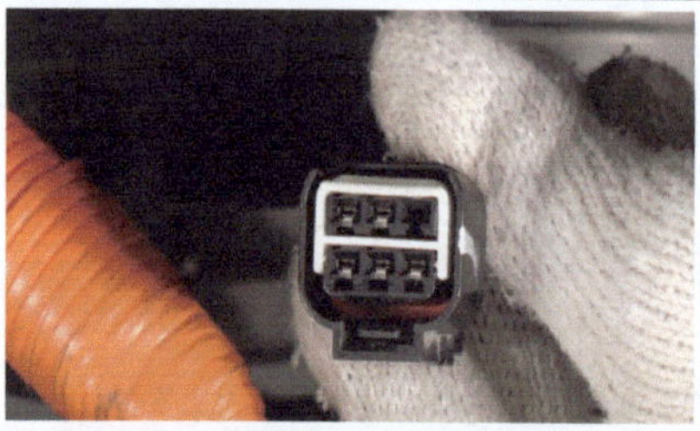

低压辅助电源供电端：□直流充电桩　□电动汽车
低压插件_____脚与_____脚电压值：_____V

结果分析：_____

8）请利用检测工具完成快充 CAN 通信检查，并记录数据。

快充口_____脚与_____脚阻值：_____Ω

RMS 插件_____脚与_____脚阻值：_____Ω

Pack 低压插件_____脚与_____脚阻值：_____Ω

结果分析：_____

9）请完成整车上电及快充操作，以验证故障现象是否解除。

① 记录整车上电仪表信息数据。

点火钥匙位置：□START □ON □ACC □LOCK	
READY 指示灯：□熄灭 □点亮	续驶里程：_____ km
档位情况：□R □N □D □E	动力蓄电池电压值：_____ V
仪表现象：_____	

② 记录快充充电仪表信息数据。

点火钥匙位置：□START □ON □ACC □LOCK	
快充充电界面：□显示 □黑屏	充电电压：_____ V
充电连接指示灯：□熄灭 □点亮	充电电流：_____ A
其他：_____	

③ 故障验证结论。

结论：_____

五、质量检查　　　　　　　成绩：

请实训指导教师检查作业结果，并针对实训过程出现的问题提出改进措施及建议。

序　号	评　价　标　准	评　价　结　果
1	正确地记录车辆故障现象及原因	
2	维修作业前准备工作及车辆防护	
3	安全规范地执行高压断电操作流程	
4	正确规范地完成车辆故障排查步骤	
5	完成故障验证及结论	
综合评价	☆ ☆ ☆ ☆ ☆	
综合评语		

六、评价反馈	成绩：

请根据自己在课堂中的实际表现进行自我反思和自我评价。

自我反思：_____

_____。

自我评价：_____

_____。

实训成绩单

项 目	评分标准	分 值	得 分
接收工作任务	明确工作任务，准确记录客户及车辆信息	5	
信息收集	掌握工作相关知识及操作要点	10	
制订计划	计划合理可行	10	
计划实施	正确规范地完成作业前准备及车辆防护工作	10	
	熟练地使用BDS诊断软件完成数据流查询及故障码读取	5	
	规范地完成快充线束的检查	5	
	规范地完成快充唤醒信号的检查	5	
	规范地完成快充连接确认信号的检查	5	
	规范地完成快充CAN信号的检查	5	
	规范地完成低压辅助电源的检查	5	
	正确记录测量数据	5	
	完成故障验证及结论	5	
	场地恢复及现场5S管理	10	
质量检查	按照要求完成相应任务	5	
评价反馈	经验总结到位，合理评价	10	
得分（满分100）			

项目四  北汽新能源 EV200 动力蓄电池

实训一 车辆 SOC 为零且提示尽快进行充电故障排查

学院		专业	
姓名		学号	
小组成员		组长姓名	

一、接收工作任务	成绩：

1. 企业工作任务

林女士两年前购买一款北汽新能源 EV 系列纯电动汽车，和往常一样，林女士准备开车上班时，发现仪表报故障，电量为 0，提示充电，续驶里程也没有，心想刚刚充电没多久不该是这种现象，于是联系新能源汽车服务有限公司，技师刘强负责对车辆进行故障诊断与维修。

2. 确认故障现象

记录整车上电仪表信息数据。

点火钥匙位置：□START □ON □ACC □LOCK	
READY 指示灯：□熄灭 □点亮	续驶里程：_____ km
档位情况：□R □N □D □E	动力蓄电池电压值：_____ V
仪表现象：_____	

二、信息收集	成绩：

1) 请查阅相关资料，完成以下信息的填写。

北汽新能源 EV200 维修开关安装在_____位置。维修开关顶部标注"小心触电"、_____、"请根据使用说明书操作"标识。维修开关设置_____级锁止机构，需依次解除锁扣拔下维修开关，禁止越级徒手或强行蛮力拆卸。

2）请根据某动力蓄电池内部结构示意图，简要叙述动力蓄电池内部各元器件的作用。

三、制订计划　　　　　　　　　　　　成绩：

1）请根据车辆实际的故障现象，制订针对该故障现象的维修作业计划。

① 故障现象描述。根据客户故障现象描述及确认故障现象，本次维修作业任务为＿＿

② 故障原因分析。

2）请根据电动汽车维修作业要求，制订作业计划。

作业计划		
序　号	作业项目	注意事项
计划审核	审核意见：＿＿＿＿＿＿＿＿＿＿＿＿＿＿＿＿＿＿＿＿＿＿＿＿＿＿＿＿＿＿＿＿。 ＿＿＿年＿＿＿月＿＿＿日　签字：＿＿＿＿＿	

3）请根据作业计划，完成小组成员任务分工。

操 作 人		记 录 员	
监 护 人		展 示 员	
作业注意事项			

① 严格按照标准完成维修作业前准备工作，注意高压安全防护及车辆整洁维护。
② 故障诊断排查坚持"安全第一"原则，严禁私自拉接线束、短路连接等违规操作。
③ 严格按照实训步骤进行实训任务，严禁使用尖锐工具暴力拆卸插接件、针脚等。
④ 团队作业时，若运转设备，必须确认所有作业人员知晓且安全，方可进行操作。
⑤ 实训过程中，爱惜设备工具，按要求使用，实训结束后，完成现场5S管理。

检测设备、工具、材料			
序　号	名　称	数　量	清　点
			□已清点
			□已清点
			□已清点
			□已清点
			□已清点
			□已清点
			□已清点
			□已清点
			□已清点
			□已清点

四、计划实施　　　　　　　　成绩：

1）请完成纯电动汽车维修作业前检查及车辆防护，并记录信息。
① 维修作业前现场环境检查。

作业内容：

作业结果：

② 维修作业前防护用具检查。

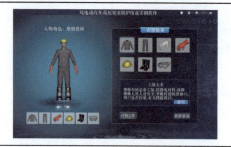

作业内容：
_____

作业结果：
_____

③ 维修作业前仪表工具检查。

作业内容：
_____

作业结果：
_____

④ 维修作业前实施车辆防护。

作业内容：
_____

作业结果：
_____

2）请利用 BDS 诊断软件读取故障码，并记录数据。

故障码	故障码说明

结果分析：_____

3）请根据步骤2）的结果分析，利用 BDS 诊断软件读取相关系统数据流信息，并记录数据。

名称	当前值	单位
整车state状态	12	
里程读数	541	km
供电电压	11.4	V
加速踏板开度	0	%
制动踏板信号	释放	
档位信号	N	
整车模式变量	运行	
母线电流	100.00	A
驱动电机目标转矩命令	0.00	N·m
驱动电机目标转速命令	-0.4	r/min
驱动电机当前转矩	0.00	N·m
驱动电机当前转速	-0.4	r/min
直流母线电压实际值V1	0.00	V
直流母线电压实际值V2	0.00	V
直流母线电压实际值V3	0.00	V
车速	0	km/h

整车 State 状态：_____

数据流信息：_____
_____
_____

结果分析：_____
_____

4）请检查动力蓄电池外部低压供电故障，并记录数据。
① 请检查动力蓄电池低压供电回路。

Pack 前机舱电器盒熔丝 FB13	□导通 □不导通
Pack 前机舱电器盒熔丝 FB14	□导通 □不导通
Pack 低压插件 B 脚、H 脚与车身地电压值：____ V	
Pack 低压插件 G 脚、J 脚与车身地：□导通 □不导通	

结果分析：_____
_____

② 请检查 BMS 低压供电回路。

BMS 低压插件外观检查：□完好 □破损
BMS 低压插件针脚状态：□正常 □异常
Pack 低压插件 B 脚与 BMS 供电正极：□导通 □不导通
Pack 低压插件 G 脚与 BMS 供电负极：□导通 □不导通

结果分析：_____
_____

5）请完成整车上电操作，以验证故障现象是否解除。
① 记录整车上电仪表信息数据。

点火钥匙位置：□START □ON □ACC □LOCK	
READY 指示灯：□熄灭 □点亮	续驶里程：____ km
档位情况：□R □N □D □E	动力蓄电池电压值：____ V
仪表现象：	

② 故障验证结论。

结论：

五、质量检查　　成绩：

请实训指导教师检查作业结果，并针对实训过程出现的问题提出改进措施及建议。

序　号	评价标准	评价结果
1	正确地记录车辆故障现象并分析原因	
2	维修作业前准备工作及车辆防护	
3	安全规范地执行高压断电操作流程	
4	正确规范地完成车辆故障排查步骤	
5	完成故障验证及结论	
综合评价	☆ ☆ ☆ ☆ ☆	
综合评语		

六、评价反馈　　成绩：

请根据自己在课堂中的实际表现进行自我反思和自我评价。

自我反思：

自我评价：

实训成绩单

项 目	评 分 标 准	分　值	得　分
接收工作任务	明确工作任务，准确记录客户及车辆信息	5	
信息收集	掌握工作相关知识及操作要点	10	
制订计划	计划合理可行	10	
计划实施	正确规范地完成作业前准备及车辆防护工作	10	
计划实施	熟练地使用 BDS 诊断软件完成数据流的查询及故障码读取	10	
计划实施	完成动力蓄电池及 BMS 低压供电回路的检查	15	
计划实施	正确规范地完成车辆故障排查步骤	10	
计划实施	完成故障验证及结论	5	
计划实施	场地恢复及现场 5S 管理	10	
质量检查	按照要求完成相应任务	5	
评价反馈	经验总结到位，合理评价	10	
得分（满分 100）			

实训二　车辆无法行驶且 READY 熄灭故障排查

学院		专业	
姓名		学号	
小组成员		组长姓名	

一、接收工作任务　　成绩：

1. 企业工作任务

客户孙先生于两年前购入一款北汽新能源 EV 系列纯电动汽车。昨日孙先生驱车经京沪高速前往廊坊，因高速行驶耗电过快，孙先生决定在高速路充电站进行补电。充电 10min 后，充电界面突然消失。孙先生将钥匙置于 ON 位后挂 D 位，仪表 READY 熄灭，且报"动力蓄电池断开""系统故障灯""动力蓄电池故障"，车辆无法行驶。随后联系新能源汽车服务有限公司，技师刘强负责对车辆进行故障诊断与维修。

2. 确认故障现象

记录整车上电仪表信息数据。

点火钥匙位置：□START □ON □ACC □LOCK	
READY 指示灯：□熄灭 □点亮	续驶里程：____ km
档位情况：□R □N □D □E	动力蓄电池电压值：____ V
仪表现象：_____	

二、信息收集　　成绩：

1）请查阅相关资料，完成 State 机制简介的填写。

整车上下电流程通过运行 State 机制来体现，即_____服从 State 机制约束，VCU、MCU、BMS、PTC、EAS、ECC、DC/DC 等相关控制器根据 State 机制约束在不同 State 状态时执行规定动作，并将各自系统状态通过_____上报_____，VCU 根据各控制器状态引导_____。

2）请查阅相关资料，简要叙述整车预充电原理。

_____
_____

3）请查阅相关资料，完成 State 机制流程图的绘制。

三、制订计划　　　　　　　　　　成绩：

1）请根据车辆实际的故障现象，制订针对该故障现象的维修作业计划。

① 故障现象描述。根据客户故障现象描述及确认故障现象，本次维修作业任务为＿＿

② 故障原因分析。

2）请根据电动汽车维修作业要求，制订作业计划。

作业计划		
序　　号	作业项目	注意事项
计划审核	审核意见：_____ _____。 ＿＿年＿＿月＿＿日　签字：_____	

3）请根据作业计划，完成小组成员任务分工。

操 作 人		记 录 员	
监 护 人		展 示 员	
作业注意事项			

① 严格按照标准完成维修作业前准备工作，注意高压安全防护及车辆整洁维护。
② 故障诊断排查坚持"安全第一"原则，严禁私自拉接线束、短路连接等违规操作。
③ 严格按照实训步骤进行实训任务，严禁使用尖锐工具暴力拆卸插接件、针脚等。
④ 团队作业时，若运转设备，必须确认所有作业人员知晓且安全，方可进行操作。
⑤ 实训过程中，爱惜设备工具，按要求使用，实训结束后，完成现场5S管理。

检测设备、工具、材料			
序 号	名 称	数 量	清 点
			□已清点
			□已清点
			□已清点
			□已清点
			□已清点
			□已清点
			□已清点
			□已清点
			□已清点
			□已清点

四、计划实施　　　　　　　　　　成绩：

1）请完成纯电动汽车维修作业前检查及车辆防护，并记录信息。
① 维修作业前现场环境检查。

作业内容：

作业结果：

② 维修作业前防护用具检查。

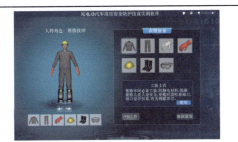

作业内容：
_____

作业结果：
_____

③ 维修作业前仪表工具检查。

作业内容：
_____

作业结果：
_____

④ 维修作业前实施车辆防护。

作业内容：
_____

作业结果：
_____

2）请利用 BDS 诊断软件读取故障码，并记录数据。

故障码	故障码说明

结果分析：_____

3）请根据步骤2）的结果分析，利用 BDS 诊断软件读取相关系统数据流信息，并记录数据。

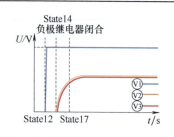

整车 State 状态：＿＿＿＿＿＿＿＿＿＿＿＿＿

数据流信息：＿＿＿＿＿＿＿＿＿＿＿＿＿
＿＿＿＿＿＿＿＿＿＿＿＿＿＿＿＿＿＿＿＿＿
＿＿＿＿＿＿＿＿＿＿＿＿＿＿＿＿＿＿＿＿＿

结果分析：＿＿＿＿＿＿＿＿＿＿＿＿＿＿＿＿＿＿＿＿＿＿＿＿＿＿＿＿＿＿＿＿＿＿＿＿＿
＿＿

4）根据步骤3）的结果分析以及专用数据分析软件采集的 V1～V3 的电压信息图，完成以下信息的填写。

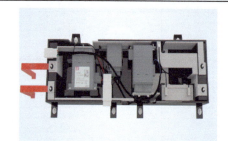

现象：＿＿＿＿＿＿＿＿＿＿＿＿＿＿＿
＿＿＿＿＿＿＿＿＿＿＿＿＿＿＿＿＿＿＿

提示：负极继电器闭合 150ms 后，V2 电压小于 V1 电压的 80%，则判定预充电阻断路故障

结果分析：＿＿＿＿＿＿＿＿＿＿＿＿＿＿＿＿＿＿＿＿＿＿＿＿＿＿＿＿＿＿＿＿＿＿＿＿＿
＿＿

5）请完成动力蓄电池的拆卸并检查继电器盒中预充继电器和预充电阻部分。

VCU 97 脚与 Pack 低压插件 F 脚　　□导通　□不导通

继电器与 BMS 之间的控制线路　　□导通　□不导通

预充电阻技术参数：＿＿＿＿ Ω

预充电阻外观检查：＿＿＿＿＿＿＿＿＿＿＿

结果分析：＿＿＿＿＿＿＿＿＿＿＿＿＿＿＿＿＿＿＿＿＿＿＿＿＿＿＿＿＿＿＿＿＿＿＿＿＿

项目四　北汽新能源 EV200 动力蓄电池

6）请完成整车上电操作，以验证故障现象是否解除。

① 记录整车上电仪表信息数据。

点火钥匙位置：□START □ON □ACC □LOCK	
READY 指示灯：□熄灭 □点亮	续驶里程：____ km
档位情况：□R □N □D □E	动力蓄电池电压值：____ V
仪表现象：_____	

② 故障验证结论。

结论：_____

五、质量检查　　成绩：

请实训指导教师检查作业结果，并针对实训过程出现的问题提出改进措施及建议。

序　号	评　价　标　准	评价结果
1	正确记录车辆故障现象并分析原因	
2	维修作业前准备工作及车辆防护	
3	安全规范地执行高压断电操作流程	
4	正确规范地完成车辆故障排查步骤	
5	完成故障验证及结论	
综合评价	☆　☆　☆　☆　☆	
综合评语		

六、评价反馈　　成绩：

请根据自己在课堂中的实际表现进行自我反思和自我评价。

自我反思：_____。

自我评价：_____。

实训成绩单

项　目	评分标准	分　值	得　分
接收工作任务	明确工作任务，准确记录客户及车辆信息	5	
信息收集	掌握工作相关知识及操作要点	10	
制订计划	计划合理可行	10	
计划实施	正确规范地完成作业前准备及车辆防护工作	10	
计划实施	熟练地使用 BDS 诊断软件完成数据流的查询及故障码读取	5	
计划实施	正确利用整车 State 机制逆推故障原因	15	
计划实施	正确结合数据图及动力蓄电池控制策略进行解析	10	
计划实施	正确地拆卸动力蓄电池及检查继电器盒	5	
计划实施	完成故障验证及结论	5	
计划实施	场地恢复及现场 5S 管理	10	
质量检查	按照要求完成相应任务	5	
评价反馈	经验总结到位，合理评价	10	
得分（满分 100）			

实训三　车辆高压掉电且报动力蓄电池断开故障排查

学院		专业	
姓名		学号	
小组成员		组长姓名	

一、接收工作任务　　成绩：

1. 企业工作任务

吴女士驾驶北汽新能源 EV 系列纯电动汽车途径一段非常崎岖的颠簸路面，返程后便将车辆停放于车库。后开车上电时，发现车辆高压掉电且报动力蓄电池断开故障。随后吴女士联系新能源汽车服务有限公司，技师刘强负责对车辆进行故障诊断与维修。

2. 确认故障现象

1）记录整车上电仪表信息数据。

点火钥匙位置：□START □ON □ACC □LOCK	
READY 指示灯：□熄灭 □点亮	续驶里程：____ km
档位情况：□R □N □D □E	动力蓄电池电压值：____ V
仪表现象：_____	

2）记录车辆行驶状态信息数据。

档位情况：□R　□N　□D　□E
能量回收：□正常　□关闭
车辆能否正常行驶：□能　□不能
其他：_____

二、信息收集　　成绩：

1）下列选项中，可能造成动力蓄电池断开故障的原因有（　　　）（多选）。
A. 绝缘故障　　　　　B. 互锁断开　　　　　C. 预充继电器断路
D. 单体蓄电池损坏　　E. 主正接触器断路

2）请查阅相关资料，简要叙述高压互锁设计功能。

_____
_____
_____
_____

3）请查阅相关资料，简要叙述动力蓄电池高压系统的工作原理。

_____
_____
_____
_____
_____

三、制订计划　　　　　　　　　　　　　　成绩：

1）请根据车辆实际的故障现象，制订针对该故障现象维修的作业计划。

① 故障现象描述。根据客户故障现象描述及确认故障现象，本次维修作业任务为_____

② 故障原因分析。

_____
_____
_____
_____

2）请根据电动汽车维修作业要求，制订作业计划。

作业计划		
序　号	作业项目	注意事项
计划审核	审核意见：_____ _____ ___年___月___日　签字：_____	

3）请根据作业计划，完成小组成员任务分工。

项目四　北汽新能源 EV200 动力蓄电池

操 作 人		记 录 员	
监 护 人		展 示 员	

作业注意事项

① 严格按照标准完成维修作业前准备工作，注意高压安全防护及车辆整洁维护。
② 故障诊断排查坚持"安全第一"原则，严禁私自拉接线束、短路连接等违规操作。
③ 严格按照实训步骤进行实训任务，严禁使用尖锐工具暴力拆卸插接件、针脚等。
④ 团队作业时，若运转设备，必须确认所有作业人员知晓且安全，方可进行操作。
⑤ 实训过程中，爱惜设备工具，按要求使用，实训结束后，完成现场5S管理。

检测设备、工具、材料			
序　号	名　称	数　量	清　点
			□已清点
			□已清点
			□已清点
			□已清点
			□已清点
			□已清点
			□已清点
			□已清点
			□已清点
			□已清点

四、计划实施　　　　　　　　　　　**成绩：**

1）请完成纯电动汽车维修作业前检查及车辆防护，并记录信息。
① 维修作业前现场环境检查。

作业内容：

作业结果：

② 维修作业前防护用具检查。

作业内容：
_____
作业结果：
_____

③ 维修作业前仪表工具检查。

作业内容：
_____
作业结果：
_____

④ 维修作业前实施车辆防护。

作业内容：
_____
作业结果：
_____

2）请利用 BDS 诊断软件读取故障码，并记录数据。

故障码	故障码说明

结果分析：_____

3）请根据步骤2）的结果分析，利用 BDS 诊断软件读取相关系统数据流信息，并记录数据。

名称	当前值	单位
北汽新能源>>车辆选择>>EV200>>系统选择>>整车控制器(VCU)>>数据流		
整车State状态	46	
里程读数	603	km
供电电压	11.3	V
加速踏板开度	0	%
制动踏板信号	释放	
档位信号	N	
整车模式变量	运行	
母线电流	0.00	A
驱动电机目标转矩命令	0.00	N·m
驱动电机目标转速命令	-0.4	r/min
驱动电机当前转矩	0.00	N·m
驱动电机当前转速	-0.4	r/min
直流母线电压实际值V1	0.00	V
直流母线电压实际值V2	0.00	V
直流母线电压实际值V3	0.00	V
车速	0	km/h

整车 State 状态：_____

数据流信息：_____

结果分析：_____
_____

4）请检查 BMS 低压供电及运行唤醒信号，并记录数据。

Pack 电源熔丝 FB13：□正常　　□熔断

Pack 电源熔丝 FB14：□正常　　□熔断

Pack 低压插件 B 脚、H 脚、L 脚与车身地电压：____ V

Pack 低压插件 C 脚与 VCU 81 脚　　□导通 □不导通

结果分析：_____
_____

5）请检查维修开关状态及动力蓄电池高低压插件，并记录数据。

维修开关状态：_____

Pack 低压插件状态：_____

Pack 高压插件状态：_____

结果分析：_____
_____

6）请使用 PCAN 获取并分析动力蓄电池数据，并记录数据。

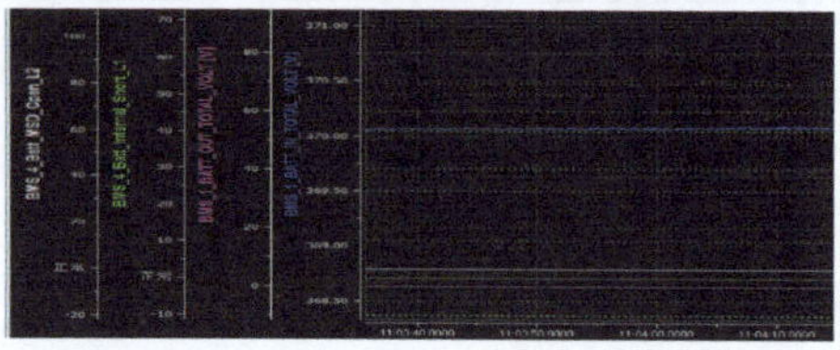

	动力蓄电池外部总电压：_____ V
	动力蓄电池内部总电压：_____ V

结果分析：_____
_____

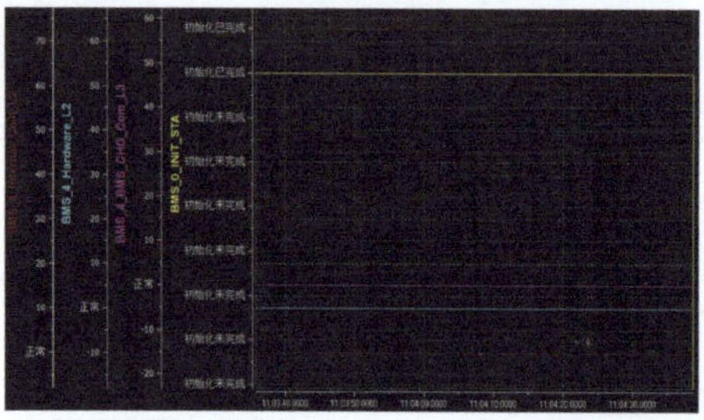

	BMS 初始化：□完成　　□未完成
	BMS 硬件故障（二级故障）：　　□正常　　□异常
	BMS 内部通信故障（二级故障）：□正常　　□异常

结果分析：_____
_____

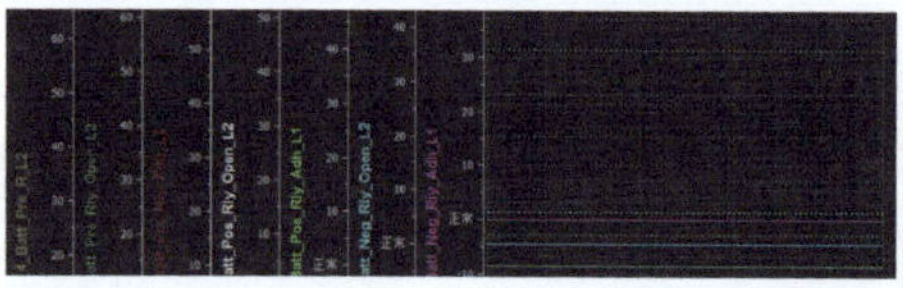

	动力蓄电池负极继电器：□粘连　□断路　□正常
	动力蓄电池正极继电器：□粘连　□断路　□正常
	动力蓄电池预充继电器：□粘连　□断路　□正常
	动力蓄电池预充电阻：　□粘连　□断路　□正常

结果分析：_____
_____

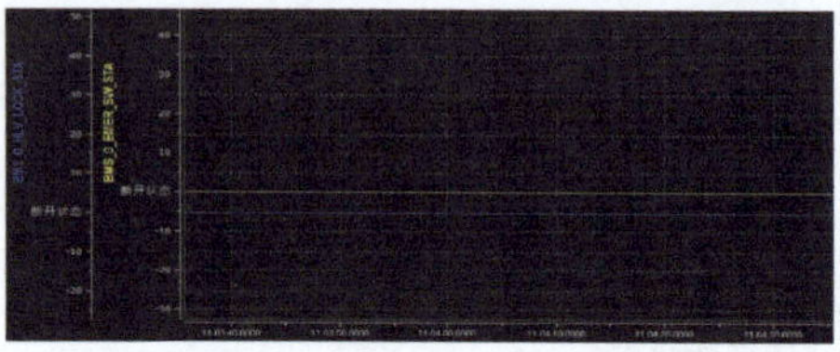

	动力蓄电池紧急开关状态：□正常　□断开
	动力蓄电池高压互锁状态：□正常　□断开

结果分析：_____
_____

项目四　北汽新能源 EV200 动力蓄电池

7）请拆卸动力蓄电池，检查动力蓄电池内部互锁回路，并记录数据。

维修开关至 BMS 互锁线路：□导通　□不导通

Pack 高压插件至 BMS 互锁线路 1：□导通　□不导通

Pack 高压插件至 BMS 互锁线路 2：□导通　□不导通

结果分析：

8）请完成整车上电操作，以验证故障现象是否解除。

① 记录整车上电仪表信息数据。

点火钥匙位置：□START　□ON　□ACC　□LOCK

READY 指示灯：□熄灭　□点亮

续驶里程：____ km

档位情况：□R　□N　□D　□E

动力蓄电池电压值：____ V

仪表现象：

② 故障验证结论。

结论：

五、质量检查　　　成绩：

请实训指导教师检查作业结果，并针对实训过程出现的问题提出改进措施及建议。

序号	评价标准	评价结果
1	正确记录车辆故障现象并分析原因	
2	维修作业前准备工作及车辆防护	
3	安全规范地执行高压断电操作流程	
4	正确规范地完成车辆故障排查步骤	
5	完成故障验证及结论	
综合评价	☆　☆　☆　☆　☆	
综合评语		

79

六、评价反馈	成绩：

请根据自己在课堂中的实际表现进行自我反思和自我评价。

自我反思：_____

_____。

自我评价：_____

_____。

实训成绩单

项　目	评 分 标 准	分　值	得　分
接收工作任务	明确工作任务，准确记录客户及车辆信息	5	
信息收集	掌握工作相关知识及操作要点	10	
制订计划	计划合理可行	10	
计划实施	正确规范地完成作业前准备及车辆防护工作	10	
	熟练地使用BDS诊断软件完成数据流的查询及故障码读取	5	
	检查BMS低压供电及运行唤醒信号	5	
	检查维修开关状态及动力蓄电池高低压插件	5	
	使用PCAN获取并分析动力蓄电池数据	10	
	检查动力蓄电池互锁回路	10	
	完成故障验证及结论	5	
	场地恢复及现场5S管理	10	
质量检查	按照要求完成相应任务	5	
评价反馈	经验总结到位，合理评价	10	
得分（满分100）			

"十三五" 职业教育新能源汽车专业 "互联网＋" 创新教材

电动汽车储能系统原理与维修实训工单

主 编 费丽东 闫 力
参 编 姜丽娟 陈金苗 徐嘉炯 郑锡伟
　　　 王慧怡 李华东 田云飞 骞大闯
　　　 刘银瑞 宫春青 陈群燕

机械工业出版社

目录

项目一　电动汽车储能系统概述 ·· 1
　　实训一　电动汽车高压断电流程操作 ··· 1
　　实训二　动力蓄电池功能模拟及单体维护 ·· 7
项目二　储能系统部件 ·· 12
　　实训一　高压控制盒的更换流程 ·· 12
　　实训二　车载充电机的更换流程 ·· 19
　　实训三　DC/DC 变换器的更换流程 ·· 25
　　实训四　动力蓄电池的更换流程 ·· 31
项目三　充电系统 ·· 37
　　实训一　慢充充电正常但无充电连接指示灯故障排查 ······································· 37
　　实训二　慢充充电仪表无充电界面故障排查 ··· 44
　　实训三　快充桩与车辆无法通信故障排查 ··· 51
项目四　北汽新能源 EV200 动力蓄电池 ·· 59
　　实训一　车辆 SOC 为零且提示尽快进行充电故障排查 ····································· 59
　　实训二　车辆无法行驶且 READY 熄灭故障排查 ··· 66
　　实训三　车辆高压掉电且报动力蓄电池断开故障排查 ······································· 73

"十三五"职业教育新能源汽车专业"互联网+"创新教材

编审委员会

顾 问：
- 李一秀　北京新能源汽车股份有限公司
- 赵志群　北京师范大学职业与成人教育研究所
- 王凯明　博世中国
- 魏俊强　北京汽车修理公司
- 李东江　《汽车维护与修理》杂志社

主 任
- 杨加彪　北京新能源汽车股份有限公司

副主任
- 李春明　长春汽车工业高等专科学校
- 简玉麟　武汉交通学校
- 李玉明　德州交通职业中等专业学校
- 陈圣景　北京新能源汽车股份有限公司
- 吴宗保　天津交通职业学院
- 尹万建　湖南汽车工程职业学院
- 王福忠　山东交通职业学院

委 员

廖 明	罗 旭	张珠让	李玉吉	杨效军	费丽东	张潇月	李 娟	闫 力
沈有福	朱小菊	尤元婷	窦银忠	曹向红	贾启阳	赵全胜	吴中斌	林俊标
王爱国	姚道如	宋晓敏	冉成科	杨正荣	何孟星	刘冬生	朱 岸	施明香
官英伟	陈文钧	陈社会	周乐山	占百春	尹爱华	谢永东	祝良荣	陈 宁
王胜旭								

特 别 鸣 谢

　　新能源汽车技术对于职业教育来说是个全新的领域，北京新能源汽车股份有限公司十分关注我国职业教育的发展，充分体现了国有企业的社会责任。目前，职业教育新能源汽车专业教材相对较少，为响应国家培养大国工匠的号召，北京新能源汽车股份有限公司组织编写了职业教育新能源汽车专业系列教材，并由北京运华科技发展有限公司负责开发了课程体系。在编写过程中，北京新能源汽车股份有限公司提供了大量的技术资料，给予了专业技能指导，保证了本书成为专业针对性强、适用读者群体范围广的职业教育新能源汽车专业的实用教材，尤其是杨加彪、窦银忠、陈圣景、张国敏、李春洪等提出了大量的意见和建议。在此，对北京新能源汽车股份有限公司及北京运华科技发展有限公司在本书编写过程中给予的所有支持和帮助表示由衷的感谢！

机械工业出版社

二维码索引

序　号	名　　称	二维码	页　码
1	高压防护工具介绍		6
2	动力蓄电池技术参数介绍		36
3	单体蓄电池物理结构介绍		38
4	动力蓄电池 BMS 各端口认知		39
5	动力蓄电池包系统内部高压电流流向		43
6	动力蓄电池模块结构认知		45
7	交流充电控制策略		48

（续）

序　号	名　称	二维码	页　码
8	直流充电控制策略		56
9	维修开关拆卸方法		63
10	动力蓄电池系统互锁线路介绍		64
11	锂电池失效模式简介		92

前言

随着汽车产业的高速发展，汽车带来的环境污染、能源短缺等问题日益突出，为了保持国民经济的可持续发展，2009年我国已将新能源汽车作为国家战略性新兴产业之一。新能源汽车产业已经得到了国家政策和资金的大力扶持，因此发展十分迅速。目前，潜力巨大的新能源汽车市场已经形成，新模式必然产生新市场，新市场需要大量的新技术人员，新能源汽车技术人员人才培养任重道远。

新能源汽车技术对于职业教育来说是个全新的领域，为满足新能源汽车市场对新能源汽车人才的需求以及职业院校新能源汽车专业的教学要求，突出职业教育的特点，北京新能源汽车股份有限公司牵头组织编写了本系列教材，对应的课程体系由北京运华科技发展有限公司组织开发。本系列教材采用"基于工作过程"的方法进行开发。在对新能源汽车技术技能人才岗位进行调研的基础上，分析出岗位典型工作任务，然后根据典型工作任务提炼行动领域，在此基础上构建了工作过程系统化的课程体系。为方便职业院校开展一体化教学和信息化教学，本系列教材中每一本教材都包括理论知识和实训工单两部分，理论知识以项目任务引领，每个任务以知识储备为主线，辅以知识拓展来丰富课堂教学。实训工单配套对应每个项目，每个实训工单以接收工作任务、信息收集、制订计划、计划实施、质量检查、评价反馈六个环节为主线，结合理论知识内容进行实践操作，形成理实一体化教学模式。同时在理论知识部分运用了"互联网+"技术，在部分知识点附近设置了二维码，使用者可以用智能手机进行扫描，便可在手机屏幕上显示和教材相关的多媒体内容，方便读者理解相关知识，以便更深入地学习。

本书包括理论知识和实训工单两部分，两部分内容单独成册构成一个整体。本书理论知识主要包括电动汽车储能系统概述、储能系统部件、充电系统、北汽新能源EV200动力蓄电池四个项目。实训工单配套对应理论知识的每个项目任务，以实践操作为依托，同时对教学内容进行了巩固，达到理实一体化的目的。

本书由费丽东、闫力任主编，参与编写的还有姜丽娟、陈金苗、徐嘉炯、郑锡伟、王慧怡、李华东、田云飞、骞大闯、刘银瑞、宫春青、陈群燕。

在本书编写过程中，北京新能源汽车股份有限公司提供了大力的支持，北京运华科技发展有限公司开发了配套的实训项目和设备，并制作了配套的视频、动画，以二维码形式嵌入书中，在此表示衷心的感谢。

由于编者水平有限，书中难免有错漏之处，敬请读者批评指正。

编　者

目录

二维码索引
前言
项目一　电动汽车储能系统概述 …………………………………………………… 1
　　任务一　储能系统的认知 ……………………………………………………… 2
　　任务二　防护及检测工具的认知 ……………………………………………… 6
　　任务三　蓄电池的认知 ………………………………………………………… 12
项目二　储能系统部件 ……………………………………………………………… 22
　　任务一　高压控制盒的认知 …………………………………………………… 23
　　任务二　车载充电机的认知 …………………………………………………… 26
　　任务三　DC/DC 变换器的认知 ………………………………………………… 32
　　任务四　动力蓄电池的认知 …………………………………………………… 35
项目三　充电系统 …………………………………………………………………… 47
　　任务一　慢充电系统 …………………………………………………………… 48
　　任务二　快充电系统 …………………………………………………………… 55
项目四　北汽新能源 EV200 动力蓄电池 ………………………………………… 61
　　任务一　北汽新能源 EV200 动力蓄电池的认知 …………………………… 62
　　任务二　北汽新能源 EV200 动力蓄电池的工作原理 ……………………… 69
　　任务三　动力蓄电池的使用与维护 …………………………………………… 82
　　任务四　动力蓄电池的常见故障及检测 ……………………………………… 87
参考文献 ……………………………………………………………………………… 95

Project 1

项目一

电动汽车储能系统概述

任务一 储能系统的认知

1. 掌握储能系统的作用。
2. 掌握电动汽车常见术语、英文用语及缩略语。

一、电动汽车储能系统的功能和要求

电动汽车储能系统是为电动汽车整车的行驶提供电能的能量储存装置,也称动力蓄电池系统。主要包括充电系统和储能装置,储能装置包括各种动力蓄电池、超级电容器和飞轮电池等或其组合。纯电动汽车的电机相当于传统汽车的发动机,储能系统相当于传统汽车的燃油箱。其中动力蓄电池是纯电动汽车最为常见的能量存储装置,也是目前制约纯电动汽车发展的关键因素。它是整车的动力来源,直接影响纯电动汽车的续驶里程,甚至影响整车质量与成本。

电动汽车要求动力蓄电池具有较高的比能量和比功率,以满足汽车的续驶里程和动力性要求,同时也希望其具有与汽车使用寿命相当的充放电循环寿命,拥有较高的效率、良好的性价比以及免维护特性。具体要求如下:

1)比能量高,以提高汽车运行效率和续驶里程。
2)比功率高,以满足驾驶性能要求。
3)工作温度范围广,以满足季节变化的运行需要。
4)循环寿命长,保证动力蓄电池的使用年限和行驶总里程。
5)无记忆效应,以满足车辆各状态下充电的需要。
6)自放电率小,满足车辆较长时间的搁置要求。

此外,还要求动力蓄电池具有安全性好、可靠性高、可循环利用等特性。

动力蓄电池按照性能一般有高功率型电池和高能量型电池两种。高功率型电池以高功率密度为特点,主要用于瞬间高功率输出、输入的动力蓄电池。高能量型电池以高能量密度为特点,主要用于高能量输出的动力蓄电池。

目前要使电动汽车具有竞争力,就要开发出比能量高、比功率高、使用寿命长的高效节能电池。目前动力蓄电池面临的主要问题有:

(1)能量密度低 汽油的能量密度是12000W·h/kg,而铅酸蓄电池(简称为铅酸电池)的能量密度不足 40W·h/kg,锂离子蓄电池(简称为锂电池)的能量密度在 100W·h/kg 左右(北汽新能源 EV200 上采用的动力蓄电池的能量密度为 104.4W·h/kg)。传统燃油汽车行驶 300~500km 只需消耗 30L 汽油,电动汽车为了跑相同的里程需要更多的电能,只能带上数百公斤的电池。

(2) 电池组重 轻量化是纯电动汽车设计时必须要遵循的一个原则,尽管在车身设计方面采取了一系列减轻自身质量的措施来降低车重。但由于电池组的存在,纯电动汽车的总质量较同样大小的内燃机汽车重得多。

(3) 续驶里程短、动力性能弱 由于现在车用动力蓄电池的能量密度较低,要提高汽车的续驶里程,就必须在汽车上安装更多的蓄电池组。这样就使蓄电池组质量过大,车身质量过重又使汽车动力性能受到制约,加上车上安装了大量的电池,占用了不少空间,限制了车内使用空间。

(4) 电池价格昂贵 据估算,在纯电动汽车中,动力蓄电池成本占整车售价的 10%~30%,微型电动汽车因为整车价格不高,电池组成本占比尤其大。过于高昂的电池成本阻碍了电动汽车的快速发展。

(5) 乘员的舒适性受到限制 由于受到纯电动汽车动力蓄电池的电量限制,在车上对电能的使用必须时刻注意节省,车内空调和暖风装置的选用必须充分考虑其对车辆行驶里程的影响。此外,动力转向以及其他一些车载电气的使用也受到限制。因此,乘员的乘坐舒适性受到影响。

各种车用动力蓄电池性能比较见表 1-1。

表 1-1 各种车用动力蓄电池的性能比较

动力蓄电池类型	比能量/(W·h/kg)	比功率/(W/kg)	能量密度/(W·h/L)	功率密度/(W/L)	循环寿命/次
铅酸电池	35	130	90	500	400~600
镍镉电池	55	170	94	278	500 以上
镍氢电池	80	225	143	470	1000 以上
锂电池	100	300	215	778	1200
燃料电池	500	60	—	—	—
飞轮电池	14	800	—	—	25 年

二、电动汽车常见术语、英文用语及缩略语

纯电动汽车常见术语、英文用语及缩略语见表 1-2。

表 1-2 纯电动汽车常见术语、英文用语及缩略语

分类	序号	术语	英文	缩写	定义
整车	1	纯电动汽车	battery electric vehicle	BEV	驱动能量完全由电能提供的、由电机驱动的汽车
	2	电动汽车整车整备质量	complete electric vehicle kerb mass	—	包括车载储能装置在内的整车整备质量
	3	续驶里程	range	—	电动汽车在动力蓄电池完全充电状态下,以一定的行驶工况,能连续行驶的最大距离,单位为 km

（续）

分类	序号	术语	英文	缩写	定义
整车	4	再生制动	regeneration braking	—	汽车滑行、减速或下坡时，将车辆行驶过程中的动能及势能转化或部分转化为车载可充电储能系统的能量存储起来的制动过程
单体蓄电池	1	单体蓄电池	secondary cell	—	将化学能与电能进行相互转换的基本单元装置，通常包括电极、隔膜、电解质、外壳和端子，并被设计成可充电。也称作电芯
	2	容量	capacity	C	完全充电的蓄电池在规定条件下所释放出的总容量，单位为 A·h
	3	内阻	internal resistance	—	蓄电池中电解质、正负极群、隔膜等电阻的总和
	4	额定能量	rated energy	—	室温下完全充电的电池以1小时率电流放电，达到放电终止电压时放出的能量（W·h）
	5	充电截止（终止）电压	end-of-charge voltage	—	蓄电池正常充电时允许达到的最高电压
	6	放电截止（终止）电压	end-of-discharge voltage	—	蓄电池正常放电时允许达到的最低电压
	7	恒流充电	constant current charge	—	以一个受控的恒定电流给蓄电池进行充电的方式
	8	恒压充电	constant voltage charge	—	以一个受控的恒定电压给蓄电池进行充电的方式
	9	开路电压	open circuit voltage	OCV	蓄电池在开路条件下的端电压
	10	能量密度	energy density	—	从蓄电池的单位质量或单位体积所获取的电能，用 W·h/kg、W·h/L 表示，也称作比能量
	11	额定功率	rated power	—	在额定条件下的输出功率
	12	过充电	overcharge	—	当电芯或电池完全充电后继续进行充电
	13	过放电	over discharge	—	当电芯或电池完全放电后继续进行放电
	14	自放电	self-discharger	—	蓄电池内部自发的或不期望的化学反应造成可用容量自动减少的现象
	15	活性物质	active materials	—	在电池充电放电过程中发生电化学反应以存储或释放电能的物质
	16	荷电状态	state-of-charge	SOC	当前蓄电池中按照规定放电条件可以释放的容量占可用容量的百分比
	17	电解质	electrolyte	—	含有可移动离子并具有离子导电性的液体或固体物质
	18	漏液	leakage	—	蓄电池内部电解液泄漏到电池壳体外部
	19	记忆效应	memory effect	—	蓄电池经过长期浅充浅放循环后，进行深放电时，表现出明显的容量损失和放电电压下降，经数次全充/放电循环后，电池特性即可恢复的现象

（续）

分类	序号	术语	英文	缩写	定义
单体蓄电池	20	内部短路	internal short circuit	—	蓄电池内部正极和负极间发生短路的现象
	21	冲击电流	rush current	—	充电机启动时在1至数个周期内产生的过大交流（输入）电流，一般用峰值表示
动力蓄电池	1	动力蓄电池	traction battery：propulsion battery	—	为电动汽车动力系统提供能量的蓄电池
	2	蓄电池电芯组	cell block	—	一组并联连接的单体蓄电池，可能包含监测电路与保护电路（如熔断器等）
	3	蓄电池模块	battery module	—	将一个以上单体蓄电池按照串联、并联或串并联方式组合，并作为电源使用的组合体，也称为蓄电池组
	4	基本绝缘	basic insulation	—	带电部分上对触电（在没有故障的状态下）起基本防护作用的绝缘
	5	主开关	main switch	—	用于开、关动力蓄电池和控制其主电路的开关
	6	高压维修开关	high voltage maintenance switch	—	为车辆维修时切断动力电池高压输出的开关或相关装置
	7	峰值功率	peak power	—	在规定的持续时间内，允许的最大输出功率
	8	热失控	thermal runaway	—	蓄电池放热连锁反应引起的电池自温升速率急剧变化的过热、起火、爆炸现象
	9	车载充电机	on-board charger	OBC	固定地安装在车上的充电机
	10	蓄电池管理系统	battery management system	BMS	监视蓄电池的状态（温度、电压、荷电状态等），可以为蓄电池提供通信、安全、电芯均衡及管理控制，并提供与应用设备通信接口的系统
	11	蓄电池控制单元	battery control unit	BCU	控制、管理、检测或计算蓄电池系统的电和热相关的参数，并提供蓄电池系统和其他车辆控制器通信的电子装置
	12	放电深度	depth of discharge	DOD	表示蓄电池放电状态的参数，等于实际放电容量与可用容量的百分比
	13	循环寿命	cycle life	—	在指定的充放电终止条件下，以特定的充放电制度进行充放电，动力蓄电池在不能满足寿命终止标准前所能进行的循环数
	14	日历寿命	calendar life	—	动力蓄电池在不能满足寿命终止标准前能够接受指定操作的时间
	15	爆炸	explosion	—	蓄电池外壳猛烈破裂，伴随剧烈响声，且有主要成分抛射出来
	16	防护等级	protection grade	—	按照GB/T 30038定义，对带电部分的试指（IPXXB）、试棒（IPXXC）或试线（IPXXD）接触所提供的防护程度

任务二 防护及检测工具的认知

1. 了解纯电动汽车常见专用检测工具的种类。
2. 掌握绝缘电阻表（摇表）的功能和使用方法。
3. 掌握数字绝缘表的功能和使用方法。
4. 掌握数字钳形表的功能。
5. 掌握高压断电操作规范及注意事项。

一、电动汽车常见专用检测工具

电动汽车高压电气系统的工作电压有数百伏，而人体的安全承受电压仅为36V。为保障维修作业人员的生命和财产安全，顺利地完成工作任务，在维修作业中应注意必须使用相应的安全工器具。

1. 工装及防护用品

（1）安全工具介绍　常用安全工具见表1-3。

高压防护工具介绍

表1-3　常用安全工具

工具名称	图形	用途
警示牌		放置在地面或车辆附近明显的位置，警告无关人员请勿靠近
绝缘手套（绝缘等级为1000V/300A以上）		拆除及安装高压部件时使用，保护操作人员防止触电

（续）

工具名称	图　形	用　　途
绝缘鞋		拆除及安装高压部件时使用，保护操作人员防止触电
防护眼镜		拆除及安装高压部件时使用，保护操作人员眼睛
绝缘头盔		拆除及安装高压部件时使用，保护操作人员头部
绝缘电阻表		测试高压部件绝缘电阻值
绝缘工具		拆除及安装高压部件时使用

（2）安全用具使用注意事项

1）安全用具要加强日常维护，防止受潮、损坏和脏污。

2）使用绝缘手套前要仔细检查，不能有破损和漏气现象。

3）辅助安全用具不能直接接触1000V以上的电气设备，在高压工作使用时，需要与其他安全用具配合使用。

4）使用验电器时应将验电器慢慢地靠近电气设备，如氖光灯发亮表示有电。验电器必须按其额定电压使用，不得将低压验电器在高压上使用，也不得将高压验电器在低压上使用。

5）在高压设备上的检修工作需要停电时，将检修设备停电，必须把各方面的电源完全断开，禁止在只给车钥匙断开电源的设备上工作，工作点必须有明显断开点。

2. 绝缘电阻表

绝缘电阻表，俗称摇表或者兆欧表，是用来测量绝缘电阻的专用仪器。它由一个手摇发电机和一个磁电式比率表两大部分构成。手摇发电机提供一个便于携带的高电压测量电源，电压范围约为500～5000V，磁电式比率表是测量两个电流比值的仪表，由电磁力产生反作用力矩来测量电气设备的绝缘电阻值。根据其测量结果，可以简单地鉴别电气设备绝缘的好坏。常用绝缘电阻表的额定电压为500V、1000V和2500V等几种。它的标度尺单位用"兆欧"（MΩ）表示。

（1）绝缘电阻表接线端子　绝缘电阻表有三个接线端子，一个标有"线路"或"L"的端子（也称相线）接于被测设备的导体上；另一个标有"地"或"E"的端子接于被测设备的外壳或接地；第三个标有"屏蔽"或"G"端子接于测量时需要屏蔽的电极。

（2）绝缘电阻表的选择　要正确选择额定电压合适的绝缘电阻表。绝缘电阻表的额定电压根据被测设备的额定电压来选择，绝缘电阻表的额定电压过高，可能在测试时损坏被测设备的绝缘；绝缘电阻表的额定电压过低，所测结果又不能反映工作电压作用下电气设备的绝缘电阻。一般规程规定测量额定电压在 500V 以下的设备时，宜选用 500～1000V 的绝缘电阻表；额定电压 500V 以上时，应选用 1000～2500V 的绝缘电阻表。

（3）绝缘电阻表的使用方法　使用绝缘电阻表前，应戴好绝缘手套。

1）使用前要检查指针的 0 与 ∞ 位置是否正确。检查方法是，先使 L、E 两端子开路，将绝缘电阻表放在适当的水平位置，摇动手柄至绝缘电阻表额定转速（一般为 120r/min）后，指针应指在 ∞ 位置上。如果不能达到 ∞，说明测试用引线绝缘不良或绝缘电阻表本身受潮。应用干燥清洁的软布，擦拭 L 端与 E 端子间的绝缘外壳，必要时将绝缘电阻表放在绝缘垫上，若还达不到 ∞ 值，则应更换测试引线。然后再将 L、E 两端子短路，轻摇绝缘电阻表，指针应指在 0 位置上。如指针不指零，说明测试引线未接好或绝缘电阻表有问题。

2）绝缘电阻表的测试引线应选用绝缘良好的多股软线，L、E 两端子引线应独立分开，避免缠绕在一起，以提高测试结果的准确性。

3）在测量绝缘电阻时，应使绝缘电阻表保持额定转速，一般为 120～150r/min。测试开始时先将 E 端子引线与被测设备外壳与地相连接，待转动摇柄至额定转速后再将 L 端子引线与被测设备的测试极相碰接，等指针稳定后（一般为 1min），读取并记录电阻值。在整个测试过程中摇柄转速应保持恒定匀速，避免忽快忽慢。测试结束时，应先将 L 端子引线与被测设备的测试极断开，再停止摇柄转动。这样做，主要是防止被测设备的电容对绝缘电阻表的反充电而损坏表针。

（4）测量绝缘电阻的接线和方法　测量绝缘电阻的接线和方法如图 1-1 所示。

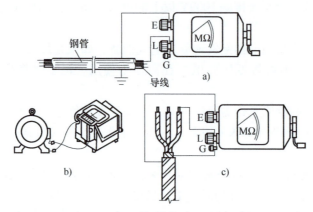

图 1-1　测量绝缘电阻的接线和方法

1）测量照明或电力线路对地的绝缘电阻，E 接线端可靠接地，L 接线端与被测线路相连，如图 1-1a 所示。

2）测量电机的绝缘电阻，将绝缘电阻表的接地端 E 接机壳，L 接线端接电机的绕组，然后进行测量，如图 1-1b 所示。

3）测量电缆的绝缘电阻，测量电缆的线芯和外壳的绝缘电阻时，除将外壳接 E，线芯接 L 外，中间的绝缘层还需和 G 相接，如图 1-1c 所示。

测量时，转动手柄要平稳，应保持 120r/min 的转速。电气设备的绝缘电阻随着测量时间的长短不同，通常采用 1min 后的指针指示为准。测量中如果发现指针为零，应停止转动手柄，以防表内线圈过热而烧坏。

在绝缘电阻表停止转动和被测设备放电以后，才可用手拆除测量连线。

4）绝缘电阻表记录读数时，应同时记录当时的环境温度和湿度，便于比较不同时期的测量结果，分析测量误差的原因。

5）绝缘电阻表接线柱的导线，应采用绝缘良好的多股软线，同时各软线不能绞在一起。

（5）绝缘电阻表使用注意事项

1）绝缘电阻表的发电机电压等级应与被测物的耐压水平相适应，以避免被测物的绝缘击穿。

2）禁止测量带电设备，双回路架空线路或母线，当一路带电时，不得测量另一路的绝缘电阻，以防高压的感应电危害人身和仪表的安全。

3）严禁在有人工作的线路上进行测量工作，以免危及人身安全。雷电时禁止用绝缘电阻表在停电的高压线路上测量绝缘电阻。

4）在绝缘电阻表没有停止转动或被测设备没有放电之前，切勿用手去触及被测设备或绝缘电阻表的接线柱。

5）使用绝缘电阻表测量设备绝缘时，应由两人担任。

6）测量用的导线应使用绝缘导线，两根导线不能绞在一起，其端部应有绝缘套。

7）在带电设备附近测量绝缘电阻时，测量人员和绝缘电阻表的位置必须选择适当，保持与带电体的安全距离，以免绝缘电阻表导线或导线支持物触碰带电部分。移动导线时，必须注意监护，防止工作人员触电。

8）测量电容器、电力电缆、大容量变压器、电机等容性设备时，绝缘电阻表必须在额定转速状态下，方可将测量笔接触或离开被测设备，以免因电容放电而损坏仪表。

9）测量电气设备绝缘时，必须先断电，经放电后才能测量。

10）每年检验一次，不合格不得使用。

3. 数字绝缘表

数字绝缘表（又称绝缘测试仪）是一种由电池供电的测量绝缘电阻的仪器。图 1-2 为绝缘测试仪及测试表棒。

该测试仪不仅可测量绝缘电阻，还可以测量接地耦合电阻以及交流/直流电压。其端子功能如图 1-3 所示，COM 端子是连接所测量地线或公共端子的表棒，Ω 端子是连接测量绝缘电阻的表棒，V 绝缘端子是连接电压测试的端子，在测量档位选择合适的电压，用于测量部件之间的绝缘阻值。

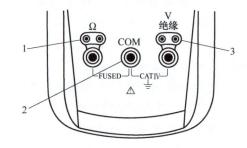

图1-2 绝缘测试仪及测试表棒

图1-3 绝缘测试仪输入端子说明
1—用于电阻测量的输入端子 2—所有测量的公共端子
3—用于电压或绝缘测试的输入端子

绝缘电阻测量只能在不通电的电路上进行。要测量绝缘电阻，需按照图1-4所示连接测试仪，并按下列步骤进行操作。

1）检查仪表、表棒外观有无损伤，量程正确。

2）将表棒插入V和COM（公共）输入端子，将选择开关转至所需要的测试电压，测量电动汽车高压绝缘阻值时，一般选1000V。

3）戴上绝缘手套，绝缘表棒与待测电路（被测件）连接。测试仪会自动监测电路是否通电。

测试仪主显示位置显示----直到您按(测试)按钮，此时将获得一个有效的绝缘电阻读数。

如果电路中的电压超过30V（交流或直流），在主显示位置显示电压超过30V警告的同时，还会显示高压符号（⚡）。在这种情况下，测试被禁止。在继续操作之前，先断开测试仪的连接并关闭电源。

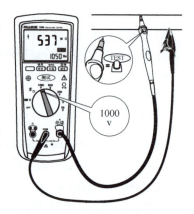

图1-4 检测绝缘阻值

4）按住(测试)按钮开始测试。辅显示位置上显示被测电路上所施加的测试电压。主显示位置上显示高压符号（⚡）并以MΩ或GΩ为单位显示电阻。显示屏的下端出现"测试"图标，直到释放(测试)按钮。

当绝缘电阻超过最大显示量程时，测试仪显示">"符号，以及当前量程的最大电阻。电动汽车电池、电缆或电机等部件绝缘阻值读数大于550Ω/V，说明线路绝缘良好。

5）继续将探头留在测试点上，然后释放(测试)按钮。被测电路即开始通过测试仪放电。主显示位置显示绝缘电阻读数，直到开始新的测试或者选择了不同功能或量程。

6）整理表棒，关闭绝缘表。

4. 数字钳形表

数字钳形表是将一台电压表和一台钳形电流表合二为一的电气测试仪。图 1-5 为 Fluke 902 FC HVAC 真有效值数字钳形表。它是一种由电池供电的手持式仪器,主要用于测量交、直流电流和电压,还可测量电容、电阻和电路通断性等。

钳形表也经历了从过去的模拟式到现在的数字式的发展历程。现在的钳形表不但具有数字万用表(DMM)的大多数基本功能,还在仪表内置入了电流互感器,因而具有更为强大的功能。

数字钳形表测量交流电流是利用简单变压器的原理来工作的。当把钳形表的钳嘴卡住载有交流电流的导线时,导线上的电流将通过钳嘴耦合到次级线圈上,该线圈缠绕在钳形表输入的分流器上,其动作恰似电源变压器铁心的作用。因为缠绕在铁心上的次级线圈的数与初级线圈的匝数要小得多,因此传输到钳形表输入的电流远小于初级电流。在通常情况下,初级线圈一般用一个导线代表,钳形表的钳嘴就是夹在其上的。如果线圈有 1000 匝线圈,那么,次级电流就是在初

图 1-5　Fluke 902 FC HVAC
真有效值数字钳形表

级电路中流动电流的 1/1000。这样,在导线上流过 1A 的电流,就会在钳形表的输入处产生 0.001A 的电流。通过监测钳形表的输入电流就可以计算出流过导线上的电流值。

二、高压断电操作规范及注意事项

1. 高压安全操作注意事项

1)严禁非专业人员对高压部件进行移除及安装。
2)未经过高压安全培训的维修人员,不允许对高压部件进行维护。
3)车辆在充电过程中不允许对高压部件进行移除、维护等工作。
4)对高压部件进行作业前,必须确认车辆钥匙处于 OFF 位并将辅助蓄电池断开。
5)高压部件打开后或插头断开后,使用万用表对其电压进行测量,电压在 36V 以下才可以进行下一步操作。

2. 新能源汽车作业十不准

1)非持证(低压电工作业操作证)电工不准装接电动汽车高压电气设备。
2)任何人不准玩弄电气设备和开关。
3)破损的电气设备应及时调换,不准使用绝缘损坏的电气设备。
4)不准利用车身电源对电动汽车以外的用电设备供电。
5)设备检修切断电源时,任何人不准启动挂有警告牌的电气设备,或合上拔去的熔断器。
6)不准用水冲洗揩擦电气设备。
7)熔丝熔断时,不准调换容量不符的熔丝。
8)不经技术部门或主管部门审批,不准私自改动和加装其他用电设备。
9)发现有人触电,应立即切断电源进行抢救,触电者未脱离电源前,救护人员不准直接用手触及伤员,因为有触电的危险。
10)雷雨天气,禁止室外对车辆充电和维修维护。

3. 高压断电操作

1）电动汽车作业场所应进行隔离，安放高压警告牌。

2）穿戴防护用品（绝缘鞋、绝缘手套、护目镜、头盔等）。

3）将车钥匙置于 OFF 位，断开并取下维修开关（MSD），锁在修理人员的工具箱内。

4）使用绝缘工具，断开辅助蓄电池负极，极柱头上包扎绝缘胶带，等待5min 后接下步作业。

5）断开高压电路，测量高压端子电压，高于5V 用放电工装进行放电操作，低于5V 说明高压电已经释放完全，可以进行维修作业。

6）修复后连接高压电路，检查高压电路连接是否正确。

7）安装维修开关（MSD），连接辅助蓄电池。

8）将车钥匙置于 ON 位，检查 READY 灯是否点亮，READY 灯亮起表示高压电路工作正常。

知识拓展

特种作业操作证

由于纯电动汽车动力蓄电池的电压高达几百伏，远超过人体安全承受电压。按照《特种作业人员安全技术培训考核管理规定》，在工作中为保证人员和设备安全，操作人员必须持有特种作业操作证，低压电工作业属于特种作业目录内的一种作业。特种作业操作证由安全生产监督管理部门颁发，特种作业人员经培训、考核合格后发证，效期6 年，3 年一复审。《特种作业人员安全技术培训考核管理规定》是国家为了规范特种作业人员的安全技术培训考核工作，提高特种作业人员的安全技术水平，防止和减少伤亡事故，根据《安全生产法》、《行政许可法》等有关法律、行政法规，制定本规定。生产经营单位使用未取得特种作业操作证的特种作业人员上岗作业的，责令限期改正，可以处5 万元以下的罚款；逾期未改正的，责令停产停业整顿，并处5 万元以上10 万元以下的罚款，对直接负责的主管人员和其他直接责任人员处1 万元以上2 万元以下的罚款。

任务二　蓄电池的认知

学习目标

1. 了解蓄电池的种类。
2. 熟知蓄电池的电压、容量、充放电倍率等主要性能指标。
3. 掌握锂电池的结构原理和特点。
4. 了解并会区分不同的锂电池。
5. 掌握锂电池的充电、内阻测量方法。

 知识储备

一、蓄电池概述

1. 蓄电池的种类

可用于电动汽车的蓄电池根据正负极材料特性、电化学成分的不同可以进行以下的分类：

（1）按电解质种类不同划分 可分为酸性电池、碱性电池、中性电池和有机电解质电池等。

1）酸性电池主要以硫酸水溶液为介质，如铅酸电池。

2）碱性电池主要以氢氧化钾水溶液为主，如镍镉电池、镍氢电池等。

3）中性电池主要以盐溶液为介质，如锌锰干电池、海水激活电池等。

4）有机电解质电池主要以有机溶液为介质，如锂电池。

（2）按工作介质和存储方式不同划分 蓄电池按工作介质和存储方式不同，可划分为一次电池、二次电池和燃料电池。

1）一次电池：即不能再充电的电池，又称原电池，如锌锰干电池、锌银扣式电池等。

2）二次电池：即可以充电再次使用的电池，如镍氢电池、镍镉电池、锂电池等。

3）燃料电池：即活性材料在电池工作时需不断地从外部加入电池，来延续电池内部反应，如氢氧燃料电池等。

（3）按蓄电池所用正、负极材料的特性划分 可分为：铅系列电池（如铅酸电池）、锌系列电池（如锌锰电池、锌银电池）、镍系列电池（如镍镉电池、镍氢电池）、锂系列电池（锂电池、磷酸铁锂电池、三元锂电池）。

2. 蓄电池的性能指标（以锂电池为例）

（1）电压 电压可分为端电压、开路电压、充电截止（终止）电压和放电截止（终止）电压等。

1）端电压。端电压是指电池正极与负极之间的电位差。

2）开路电压。开路电压是指蓄电池在开路条件下的端电压。蓄电池充满电时的开路电压，因蓄电池正、负极与电解质的材料而异；如果同一种材料的蓄电池（如磷酸铁锂），不管电池的体积有多大，几何结构如何变化，其开路电压都是一样的。几种常见的蓄电池的开路电压见表1-4。

表1-4 常见蓄电池的开路电压

序 号	动力蓄电池	开路电压/V
1	磷酸铁锂电池	3.7
2	锰酸锂电池	3.8
3	钴酸锂电池	3.8

(续)

序　号	动力蓄电池	开路电压/V
4	钛酸锂电池	3
5	三元锂电池	4.15

3）充电截止（终止）电压。充电截止（终止）电压是指蓄电池正常充电时允许达到的最高电压。在蓄电池达到充满状态后，若还继续充电即为过充电，过充电可能导致蓄电池内压升高、鼓包变形、漏液等情况发生，蓄电池的性能也会显著降低或导致损坏。

过充电的最直接表现是蓄电池明显发热，因为蓄电池已经饱和，继续往蓄电池充电，蓄电池难以再提高电压，就会以热的形式发散出来。对于锂电池而言，过量的锂离子嵌入负极晶体内，会使蓄电池永久性损伤。这是电池滥用的一种方式。

4）放电截止（终止）电压。放电截止（终止）电压是指蓄电池正常放电时允许达到的最低电压。以锂电池为例，如果电压低于放电截止（终止）电压后继续放电，电池两端的电压会迅速下降，造成过放电，负极碳晶格会塌落，导致极板上的活性物在正常充电时就不易再恢复。这同样是电池滥用的一种方式。

常见的蓄电池的充电截止（终止）电压和放电截止（终止）电压见表1-5。

表1-5　常见的蓄电池的充电截止（终止）电压和放电截止（终止）电压

序　号	动力蓄电池	充电截止（终止）电压/V	放电截止（终止）电压/V
1	镍镉电池	1.75～1.8	1.0～1.1
2	镍氢电池	1.5	1
3	锂电池	4.25	3.0

（2）容量　完全充电的蓄电池在规定条件下所释放出的总容量，单位为 A·h。蓄电池的容量有额定容量、n 小时率容量、可用容量和理论容量等。

1）额定容量。在规定条件下测得的并由制造商标明的电池容量值。

2）n 小时率容量。完全充电的蓄电池以 n 小时率放电电流放电，达到规定终止条件时所释放的容量。

3）可用容量。在规定条件下，从完全充电的蓄电池中释放的容量值。

4）理论容量。假设活性物质完全被利用，蓄电池可释放的容量值。

（3）内阻　蓄电池中电解质、正负极群、隔膜等电阻的总和。

（4）充电效率　库伦效率与能量效率的总称。库伦效率是指放电时从蓄电池中释放的容量与同循环过程中充电能量的比值。能量效率是指放电时从蓄电池中释放的能量与同循环过程中充电能量的比值。

（5）放电深度　表示蓄电池放电状态的参数，等于实际放电容量与可用容量的百分比。

（6）自放电　蓄电池内部自发的或不期望的化学反应造成可用容量自动减少的现象。

（7）记忆效应　蓄电池经过长期浅充浅放电循环后，进行深放电时，表现出明显的容量损失和放电电压下降，经数次全充/放电循环后，电池特性即可恢复的现象。

（8）倍率放电　蓄电池以 1h 放电率电流值的倍数进行放电，用 C 表示，其单位是

"1/小时"。例如：额定容量为"1000mA·h"的电池：

以 $0.2C$ 充电，充电电流 $=0.2/h\times 1000mA\cdot h=200mA$。

以 $0.1C$ 放电，放电电流 $=0.1/h\times 1000mA\cdot h=100mA$。

以 $0.5C$ 放电，放电电流 $=0.5/h\times 1000mA\cdot h=500mA$。

以 $3C$ 放电，放电电流 $=3/h\times 1000mA\cdot h=3000mA$

蓄电池允许的倍率放电越大，蓄电池的性能越好，价格也越贵；蓄电池电极上锂化合物颗粒越细小，倍率放电可以越高，工艺要求越高。

根据倍率放电的大小可分为：低倍率（$<0.5C$）、中倍率（$0.5\sim 3.5C$）、高倍率（$3.5\sim 7.0C$）、超高倍率（$>7.0C$）。例如某蓄电池的额定容量为20A·h，若用4A电流放电，放电倍率$=4A/20A\cdot h=0.2C$；则放完20A·h的额定容量需用5h，为低倍率放电，如充电电动工具。

二、单体锂电池

1. 锂电池的分类与优点

锂电池根据正极材料的不同，可分为钴酸锂电池、锰酸锂电池、磷酸铁锂电池和三元材料锂电池等；根据所用电解质材料的不同，可分为液体锂电池和聚合物锂电池两大类。

相对于其他类型的动力蓄电池，锂电池具有以下显著优点：

1）工作电压高。镍氢、镍镉电池的工作电压仅为1.2V，而钴酸锂电池的工作电压为3.6V，锰酸锂电池的工作电压为3.7V。

2）比能量高。锂电池正极的理论比能量可达200W·h/kg以上，实际应用中由于不可逆容量损失，比能量通常低于这个数值，但可达140W·h/kg，该数值约为镍氢电池的两倍。

3）循环寿命长。目前，锂电池在深度放电的情况下，循环次数可达1000次以上。在浅放电条件下，循环次数可达上万次，其性能远超其他同类动力蓄电池。

4）自放电小。锂电池月自放电率仅为总容量的5%~9%，远低于镍镉电池（25%~30%）和镍氢电池（15%~20%）。

5）没有记忆效应。可以根据需要随时充电，而不降低动力蓄电池性能。

6）环保性高。传统的铅酸电池、镍镉电池废弃会造成环境污染，而锂电池中不含铅、镉和汞等有害元素，是真正意义上的绿色电池。

2. 锂电池的结构

锂电池常见的结构形式有圆柱碳包式、方形叠片式、圆柱叠片式、圆柱卷绕式和方形卷绕式等，如图1-6所示。

锂电池主要由外壳、正极、负极、隔膜和电解质五部分组成，如图1-7所示。

图1-6 锂电池常见的结构

（1）正极　正极物质在钴酸锂电池中以钴酸锂为主要原料，在锰酸锂电池中以锰酸锂为主要原料，在磷酸铁锂电池中以磷酸铁锂为主要原料。在正极活性物质中再加入导电剂、树脂黏合剂，并涂覆在铝基体上，呈细薄层分布。

（2）负极　负极活性物质是由碳材料与黏合剂的混合物再加上有机溶剂调和制成糊状，并涂覆在铜基体上，呈薄层状分布。

（3）隔膜　隔膜是锂电池关键内层组件，是锂电池防止热失控的主要措施之一。隔膜材料本身具有微孔结构，孔径一般在 $0.03 \sim 0.12\mu m$。隔膜在吸收电解质状况下，可隔离正、负极，以防止短路，同时允许锂离子穿过微孔，但不放电子通过。在锂电池过度充电时，锂电池内部温度升高，隔膜通过闭孔来阻隔离子传导，防止热失控导致冒烟、燃烧或爆炸。

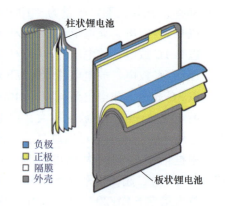

图1-7　锂电池的外形

隔膜性能决定锂电池的界面结构和内阻，进而影响锂电池的容量、循环性能和充放电电流密度等关键特性。锂电池隔膜主要性能要求有：

1) 厚度均匀性。隔膜厚度均匀性直接影响隔膜卷的外观质量以及内在性能，是生产过程严加控制的质量指标之一。隔膜的厚度均匀性包括纵向厚度均匀性和横向厚度均匀性。其中横向厚度均匀性尤为重要。一般均要求控制在 $\pm 1\mu m$ 以内，厚度现已控制在 $\pm 0.5\mu m$ 以内。

2) 力学性能。隔膜的力学性能是影响其应用的一个重要因素，如隔膜破裂，就会发生短路，因此要求隔膜在锂电池组装和充放电结构使用过程中，需要自身具有一定的机械强度。隔膜的机械强度可用抗穿刺强度和拉伸强度来衡量。

① 抗穿刺强度。抗穿刺强度是指施加在给定针形物上用来戳穿隔膜样本的质量，用它来表征隔膜在装配过程中发生短路的趋势。因隔膜是被夹在凹凸不平的正、负极片间，需要承受很大的压力。为了防止短路，所以隔膜必须具备一定的抗穿刺强度。

② 拉伸强度。隔膜的拉伸强度与制膜的工艺相关联。采用单轴拉伸，膜在拉伸方向上与垂直方向强度不同；而采用双轴拉伸时，隔膜在两个方向上一致性会相近。一般拉伸强度主要是指纵向强度要达到100MPa以上，横向强度不能太大，过大会导致横向收缩率增大，这种收缩会加大锂电池正、负极接触的概率。

3) 透过性能。透过性能可用在一定时间和压力下，通过隔膜气体的量的多少来表征，主要反映锂离子透过隔膜的通畅性。隔膜透过性的大小是隔膜孔隙率、孔径、孔的形状及孔曲折度等隔膜内部孔结构综合因素影响的结果。

作为锂电池隔膜材料，本身具有微孔结构，微孔在整个隔膜材料中的分布应当均匀。孔径一般在 $0.03 \sim 0.12\mu m$。孔径太小增加电阻，孔径太大易使正负极接触或被枝晶刺穿短路。

4) 理化性能。

① 润湿性和润湿速度：较好的润湿性有利于提高隔膜与电解质的亲和性，扩大隔膜与电解液的接触面，从而增加离子导电性，提高锂电池的充放电性能和容量。

② 化学稳定性：隔膜在电解液中应当保持长久的稳定性，不与电解液和电极物质反应。其化学稳定性是通过测定耐电解质腐蚀能力和胀缩率来评价的。

③ 热稳定性：锂电池在充放电过程中会释放热量，尤其在短路或过充电的时候，会有大量热量放出。因此，当温度升高的时候，隔膜应当保持原有的完整性和一定的力学性能，发挥隔离正负极、防止短路的作用。

④ 安全保护性能：目前锂电池用隔膜一般都能够提供一个热关闭功能，由此又为锂电池提供一个额外的热保护。该功能主要参数为闭孔温度和破膜温度。

闭孔温度是微孔闭合时的温度，即为闭合温度。当锂电池内部发生放热反应自热、过充电或者锂电池外部短路时，这些情况都会产生大量的热量。由于聚烯烃材料的热塑性，当温度接近聚合物熔点时，微孔闭合形成热关闭，从而阻断离子的继续传输而形成断路，起到保护锂电池的作用。

破膜温度是指锂电池内部自热，外部短路使锂电池内部温度升高，超过闭合温度后微孔闭塞阻断电流通过，热熔性能温度进一步上升，造成隔膜破裂、锂电池短路。破裂时的温度即为破膜温度。破膜温度高一些较好，目前可以做到200℃。

锂电池厂家都希望隔膜有较低的闭孔温度和较高的破膜温度。闭孔温度和破膜温度均与隔膜材料的种类有很大关系。任何单层的隔膜将难以满足锂电池对隔膜的安全性的要求。PE、PP多层隔膜融合了PE的低温闭合和PP的高温破膜温度两种特性，为锂电池厂家尤其是动力蓄电池厂家提供了可靠的安全保障。

虽然锂电池隔膜有热关闭的辅助作用，但绝不能将锂电池的安全性全寄托在这层薄薄的膜上，隔膜在碰到穿刺破坏、超高温度冲击及电池结构破坏时是起不到保护作用的，锂电池的安全性还是要靠改善正、负极材料和电解质的稳定性、电池组件的控制来全面提升。

(4) 电解质　电解质号称锂电池的"血液"，在锂电池的正负极之间起到传导电子的作用，是锂电池获得高电压、高比能等优点的保证。电解质一般由高纯度的有机溶剂、电解质锂盐（六氟磷酸锂、$LiPF_6$）、必要的添加剂等原料在一定的条件下按一定的比例调制而成。

锂离子电池根据所用电解质的状态可分为液态锂电池、聚合物锂电池和全固态锂离子电池三种。

3. 锂电池的工作原理

锂电池实际上是一种锂离子浓度差电池，正、负极电极由两种不同锂离子嵌入化合物组成。经过锂离子在正、负电极间的往返嵌入和脱嵌形成电池的充电和放电过程。

(1) 充电时　晶状结构正极材料上的锂分成锂离子和电子，电子从通过外部充电电路跑到负极上，正锂离子（Li+）从正极"脱嵌"进入电解质，"穿过"隔膜上弯弯曲曲的小洞，"嵌入"到达晶状体结构负极，与外部跑过来的电子结合在一起。Li+从正极脱嵌，经过电解质插入负极，负极处于富锂状态，如图1-8所示。

(2) 放电时　放电过程中，电子和Li+同时行动，电子从负极经过外电路导体跑到正极，Li+从晶状体结构负极"脱插"进入电解质，"穿过"隔膜上弯弯曲曲的小洞，"游泳"嵌入正极晶体空隙，与外电路过来的电子结合在一起，如图1-9所示。

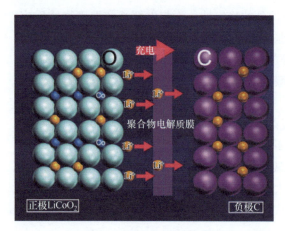
图1-8 锂电池充电过程

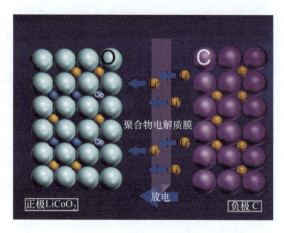
图1-9 锂电池放电过程

> **小资料**
>
> 锂电池充放电反应机理不是通过传统氧化还原反应来实现电子转移的，而是通过锂离子在晶状物质的晶格中嵌入和脱出，发生能量变化。在整个反应过程中，电解质不参与反应，只起到锂离子迁移载体作用。在锂电池的充放电过程中，锂离子处于从正极→负极→正极的运动状态。锂离子就像一把摇椅，摇椅的两端为电池的两极，而锂离子就像运动员一样在摇椅来回奔跑，所以锂电池又叫摇椅式蓄电池。

三、不同类型的蓄电池

1. 铅酸电池

铅酸电池自1859年发明以来，其使用和发展已经有150多年的历史。因其价格便宜、原料易得、性能可靠和适用于大电流放电等特点，被广泛用作内燃机汽车的起动动力源，如图1-10所示。

铅酸电池经过多年的发展，技术不断更新。以产品结构分类，铅酸电池可以分为开口式、富液免维护式、玻璃丝隔板吸附式、阀控密封式（AGM和GEL式两种）等几大类。但铅酸电池在比能量、深放电循环寿命、快速充电等方面均比镍氢电池、锂电池差，不太适用于电动汽车。

2. 镍氢电池

镍氢电池是20世纪90年代发展起来的一种新型电池。它使用氢氧化镍作为正极活性物质，储氢物质作为负极活性物质，氢氧化钾水溶液作为电解质的一种绿色环保碱性电池，如图1-11所示。

镍氢电池具有无污染、高比能、大功率、快速充放电等优点。与铅酸电池相比，镍氢电池具有比能量高、循环寿命长等特点。

1）比功率高。目前商业化的镍氢功率型电池能做到1350W/kg。

2）循环寿命长。目前应用在电动汽车上的镍氢电池，80%放电深度（DOD）循环可以达1000次以上，是铅酸电池的3倍以上。100%放电深度（DOD）循环可以达500次以

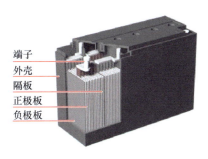

图 1-10　铅酸电池

图 1-11　镍氢电池

上,在混合动力汽车中可使用 5 年以上。因此,镍氢蓄电池已称为目前混合动力汽车动力蓄电池的主流。

3) 无污染。镍氢电池不含铅、镉等对人体有害的金属,为 21 世纪"绿色环保电池"。

4) 耐过充电、过放电。

5) 无记忆效应。

6) 使用温度范围广。正常使用温度为 -30 ~ 55℃;储存温度范围为 -40 ~ 70℃。

7) 安全可靠。短路、挤压、针刺、安全阀工作能力、跌落、加热、耐振动等安全性及可靠性试验,无爆炸、燃烧现象。

3. 镍镉电池

镍镉电池是采用金属镉作为负极活性物质,氢氧化镍作为正极物质的碱性电池,如图 1-12 所示。其内部抵制力小,内阻很小,可快速充电,可为负载提供大电流,而且放电时电压变化很小,是一种非常理想的直流供电电池。

与其他动力蓄电池相比,镍镉电池的自放电率适中。镍镉电池在使用过程中,如果放电不完全就充电,再放电时,就不能放出全部电量。例如,放出 70% 电量后再充足电,该电池只能放出 70% 的电量,这就是电池的"记忆效应"。为了解决这个问题,几次完整的充/放电循环能使镍镉电池恢复正常工作。

图 1-12　镍镉电池

四、蓄电池的充电方法

蓄电池的充电方法可以分为常规充电和快速充电两种。常规充电方法有恒流充电法和恒压充电法等。

1. 恒流充电法

恒流充电法是以一个受控的恒定电流给蓄电池进行充电的方式。

恒流充电法能使动力蓄电池充电比较彻底,但需经常调节充电电压,且充电时间较长。

2. 恒压充电法

恒压充电法是以一个受控的恒定电压给蓄电池进行充电的方式。与恒流充电方法相比,其充电过程更接近于最佳充电曲线。

五、动力蓄电池的充电方式

(1) 快充电 快充电是指充电电流大于 $0.2C$,小于 $0.8C$ 的充电方式。

(2) 慢充电 慢充电是指充电电流在 $0.1 \sim 0.2C$ 的充电方式。

(3) 涓流充电 涓流充电是指充电电流小于 $0.1C$ 的充电方式。

(4) 高速充电 高速充电是指当充电电流大于 $0.8C$ 的充电方式。

六、锂电池出厂时的充电过程

一开始涓流充电,必须先充到 3.0V(这是第一次充电,使用锂电池放电终了电压一般都设置高于 3.0V),然后以大电流恒流充电,但注意不能让锂电池过分发热(超过材料的充电接受能力),充电电流越大,接受比率就越低,对锂电池的伤害就越大。

当电压充到某个数值以后切换成恒压充电,因为此时锂电池已经快充电完毕,极板的充电接受能力下降,充电电流会逐渐减小。当充电电流降低到某个数值以后($0.1C$),停止充电,如图 1-13 所示。

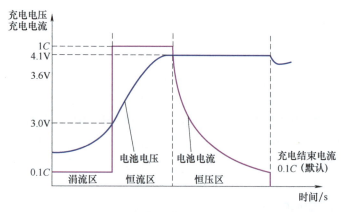

图 1-13 锂电池出厂时的充电过程

七、动力蓄电池内阻测试

动力蓄电池的内阻是指在动力蓄电池工作时,电流流过动力蓄电池内部所受到的阻力。可分为直流内阻和交流内阻。

1. 内阻测试的意义

1) 内阻测试是工厂出厂检验的项目之一。

2) 动力蓄电池组装时,需挑选内阻相近的单体蓄电池组成一组。

3) 因动力蓄电池的容量(A·h)越大,内阻就越小,所以可以根据内阻的大小粗略判断动力蓄电池的容量。

4) 动力蓄电池的老化和失效后突出的表现就是内阻增大,因此通过测试内阻的大小就可以快速判断出动力蓄电池的老化程度。

5) 动力蓄电池维护过程中,需要测试各单体蓄电池的内阻,把内阻偏大的单体蓄电池挑出来进行更换,以保持动力蓄电池内阻的一致性。

2. 测量方法

测量动力蓄电池的内阻可以采用直流测量也可以采用交流测量的方式。由于充电电池的内阻很小,采用直流测量时,由于电流很大,电极容易极化,从而产生极化电阻,故直流测量无法测出其真实值。因此在对动力蓄电池的实际测量中，常采用交流测量的方法。其方法是利用动力蓄电池等效于一个有源电阻的特点，给动力蓄电池一个1000Hz、50mA 的恒定电流，通过测量其交流压降而获得其内阻，所测量的值精度可达毫欧级。可以通过专用的电池内阻测试仪来完成，如图 1-14 所示。电动汽车用锂电池内阻非常小，一般在几个毫欧。

图 1-14　电池内阻测试仪

特斯拉动力蓄电池

Model S 的动力蓄电池总重高达 900kg，被放置在驾驶舱正下方的底盘中，由 16 个蓄电池模块组成，每个蓄电池模块有 444 节单体蓄电池，总计约 7104 节 18650 锂电池，如图 1-15 所示。

图 1-15　特斯拉动力蓄电池

其容量为 85kW·h，额定电压为 400V。18650 单体蓄电池的形状为圆柱状，如图 1-16 所示，18650 单体蓄电池的直径为 18mm，长度为 65mm，非常容易识别。

图 1-16　特斯拉单体蓄电池

Project 2

项目二

储能系统部件

任务一 高压控制盒的认知

1. 掌握电动汽车高压控制盒的结构及功能。
2. 掌握电动汽车高压控制盒的工作原理。
3. 掌握电动汽车高压控制盒的常见故障。

一、高压控制盒的作用

高压控制盒的主要作用是完成动力蓄电池电源的输出及分配,实现对支路用电器的保护及切断。常见的高压控制盒共有 5 个端口,分别与快充线束、低压控制线束、高压附件线束、动力蓄电池高压电缆、MCU 电缆连接。新制造的三合一控制盒,则将高压控制盒、车载充电机与 DC/DC 变换器集成在一个高压控制盒内,集成度高,结构简化,降低了故障率。高压控制盒在机舱的位置如图 2-1 所示。

图 2-1 机舱内的高压控制盒

二、高压控制盒的结构

1. 高压控制盒外部连接

高压控制盒外部连接如图 2-2 所示。

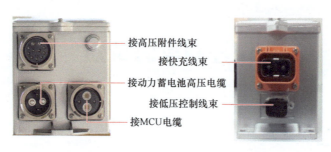

图 2-2　高压控制盒的 5 个端口的连接

高压控制盒与外部连接分低压控制线和高压电缆，低压控制线主要是完成内部电路控制和数据传输。高压电缆主要分为快充线束、慢充线束、动力蓄电池高压电缆、MCU 电缆附件线束，高压电缆外表制造成显著的橙色是为了警告人注意高压电，其他高压线束包括 DC/DC 变换器电源线、空调压缩机和 PTC 加热电源线等。

2. 高压控制盒内部结构

高压控制盒实质上就是高压配电盒，把动力蓄电池的电能经过熔丝和控制分配给各个部件，所以内部主要包含熔断器、控制电路和快充继电器三大部分。以北汽新能源 EV200 高压控制盒为例介绍内部结构。

（1）熔断器　高压控制盒内部有 4 个大型的熔断器，即 PTC 熔断器、压缩机熔断器、DC/DC 熔断器和车载充电机熔断器，如图 2-3 所示。

（2）控制电路　高压控制盒内部还有空调 PTC 加热控制电路板、高压互锁机构，如图 2-4 所示。

图 2-3　北汽新能源 EV200 高压
控制盒内部熔断器

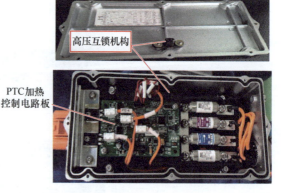

图 2-4　空调 PTC 加热控制
电路板和高压互锁机构

（3）快充继电器（接触器）　在高压控制盒的底部有两只体积较大的继电器（接触器），一个是正极继电器，另一个是负极继电器，如图 2-5 所示。这两个继电器是为了满足快充电路控制需要，在接通快充桩后，车辆与快充桩识别认证正确后接通，电动汽车进入充电状态。

3. 高压控制盒的工作原理

高压控制盒工作原理如图 2-6 所示。

高压控制盒也是连接动力蓄电池与外部用电设备或充电设备的控制机构，为了保护用电设备和动力蓄电池，通过熔断器、继电器和控制板防止电流过大。

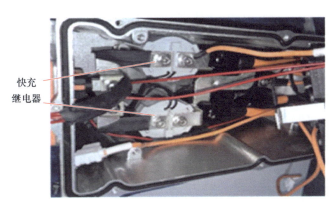

图 2-5　快充继电器

动力蓄电池放电时，电能通过高压控制盒的熔断器分流给 MCU、DC/DC 变换器、空调压缩机、PTC 加热器等用电设备，超过额定电流，熔断器熔断，保护电路不损毁。

动力蓄电池慢充时，车载充电机的充电电流经过高压控制盒充入动力蓄电池，给动力蓄电池补充电量；动力蓄电池快充时，快充桩与车上快充接口连接后，双方进行握手通信，通过报文互相认证通过后，接通在高压控制盒底部的两个快充继电器，快充桩的电流直接充入到动力蓄电池。

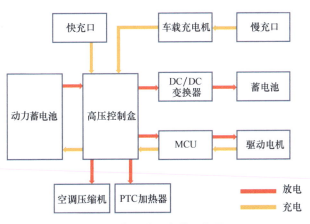

图 2-6　高压控制盒的工作原理

与车上其他高压部件一样，高压控制盒盖上安装有高压互锁机构，在打开高压控制盒盖子后会切断高压互锁电路，从而切断高压电路，防止产生触电事故。

高压控制盒内部还有 CAN 总线与其他部件通信。

三、高压控制盒常见的故障

1. 电动汽车灯光慢慢变暗，低压电路电压过低

（1）故障现象　电动汽车低压电路电压偏低。

（2）故障判断　辅助蓄电池两端只有 11.5V，低压充电电路有故障。

（3）排除故障　测量辅助蓄电池电压是否在 13.8～14.5V 之间，检查 DC/DC 变换器电源电压，如果没有高压电源输入，一般属于高压控制盒 DC/DC 变换器熔断器烧断，如果有高压电压输入，那么去检查低压电路是否有短路、断路故障。万用表测量辅助蓄电池电压偏低，将车钥匙置于 OFF 位，测量 DC/DC 变换器供电熔断器电阻，发现已经烧断，更换熔断器后将车钥匙置于 ON 位，辅助蓄电池两端电压为 13.8V，低压电路恢复正常。

2. 电动汽车没有暖风

（1）故障现象　将车钥匙置于 ON 位并打开暖风后，有风量但没有暖风送出。

（2）故障判断　有风但不热说明 PTC 电路有故障。

（3）排除故障　PTC通过高压控制盒进行控制，测量PTC连接线上电压为0V，检查高压控制盒输入电压为动力蓄电池高压，则判断PTC控制板故障，更换PTC控制板后，试着打开空调暖风，有暖风送出。

3. READY灯不能点亮，高压断开警告灯点亮

（1）故障现象　将车钥匙置于ON位，READY灯不能点亮，高压断开警告灯点亮。

（2）故障判断　高压电路互锁电路有断开故障。

（3）排除故障　检查高压控制盒各高压电路连接是否良好，检查各高压部件（高压控制盒、MCU等）连接件是否安装到位，打开高压控制盒上盖检查高压互锁机构，发现互锁机构安装错位，互锁断开，产生高压断开报警。重新安装高压互锁机构，将车钥匙置于ON位，READY灯点亮，车辆正常。

任务二　车载充电机的认知

学习目标

1. 掌握车载充电机的作用和工作原理。
2. 掌握纯电动汽车车载充电系统的控制电路。
3. 掌握纯电动汽车慢充充电的控制策略。
4. 掌握北汽新能源EV200车载充电机的性能参数。
5. 掌握车载充电机的典型故障及排除方法。

知识储备

一、车载充电机的作用

车载充电机也称为交流充电机，固定地安装在车上的充电机，是电动汽车一个重要组成部件，它是一种能为电动汽车的动力蓄电池补充电能的设备，可将市电220V交流电转换为动力蓄电池能接受的直流电，实现动力蓄电池电量的补给。为实现电动汽车动力蓄电池安全、自动地充满电，充电机依据整车控制器（VCU）和电池管理系统（BMS）提供的数据，自动调节充电电流或电压参数，从而满足动力蓄电池的充电需求，以完成充电任务。车载充电机工作不良或损坏会导致车辆不能充电的故障，或导致动力蓄电池充不满电量的故障。

二、车载充电机的结构及电路原理

1. 车载充电机的外形

车载充电机的外形如图2-7所示，一般安装在车辆的前部，与高压分配盒、MCU、DC/DC

变换器等总成安装在机舱内，外形带有散热片和散热风扇，外面有电线连接接口：交流输入端、直流输出端和低压通信控制端。

2. 车载充电机的内部组成

车载充电机内部可分为主电路、控制电路、线束及标准件三部分。

（1）主电路　前端将交流电转换为恒定电压的直流电，主要是全桥电路整流，后端为 DC/DC 变换器，将前端转出的直流高压电变换为合适的电压及电流供给动力蓄电池。

（2）控制电路　控制 MOS 管的开关、与 BMS 之间通信、监测充电机状态、与充电桩握手等。

图 2-7　车载充电机

（3）线束及标准件　用于主电路及控制电路的连接，固定元器件及电路板。

充电机工作电压属于高电压，为了防止高压电路产生触电危险，机壳上设计有高压互锁控制电路，并且与车身有可靠的绝缘性能，如果高压互锁电路没有连接或高压绝缘电阻偏低，BMS 将阻断动力蓄电池总正、总负接触器的吸合，不能输出动力蓄电池的电能。

3. 充电机电流转换过程

充电机主电路内部转换过程：

1）交流电整流成稳定的直流电压。
2）用高频开关电路产生高频交流电。
3）高频交流电压提升到合适的电压。
4）整流成直流电压。

因采用高频电路转换电压，不采用传统的变压器提升电压，可减小充电机体积、降低重量、提高转换效率。车载充电机内部有大量的电子元件，充电过程会产生大量的热，所以在外壳上安装了散热片，再安装电子风扇强制散热，充电时仔细观察，能够听到散热风扇工作的声音。

4. AC/DC 电路原理

充电机工作电流的变换就是把市电交流电转换成动力蓄电池充电所需的直流电，交流电转换成直流电（AC/DC）的过程，如图 2-8 所示。变换的电流波形如图 2-9 所示。

图 2-8　充电机电流变换模块图

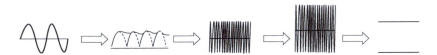

图 2-9　变换的电流波形

5. 充电机输出电缆

经过充电机的电压变换，原来交流 220V 转换成动力蓄电池额定高压直流电源，通过橙色高压电缆，将电流输入给动力蓄电池。

三、典型纯电动汽车车载充电机的认知

车载充电机（以北汽新能源 EV200 车型为例）属于电动汽车慢充装备，北汽新能源 EV200 车载充电机输入电压为交流 220V，输出电压为直流约 440V，提供给动力蓄电池充电电流约 7A，根据动力蓄电池容量 30kW·h 测算，一般在 7~9h 充满电，充电机功率约为 3.4kW，电流约为 16A。

1. 主要技术参数

北汽新能源 EV200 车载充电机主要技术参数见表 2-1。

表 2-1　北汽新能源 EV200 车载充电机主要技术参数

项　目		参　数
输入参数	输入相数	单相
	输入电压/V AC	220 ± 20%
	输入电流/A	≤16（在额定功率下）
	频率/Hz	45~65
	启动冲击电流/A	≤10
	软启动时间/s	3~5
输出参数	输出功率（额定）/W	3360
	输出电压（额定）/V DC	240~410
	输出电流/A	0~7.5
	稳压精度	≤±0.6%
	负载调整率	≤±0.6%
	输出电压纹波（峰值）	<1%
转换效率	效率	≥99%
冷却方式	冷却	散热片、风冷

2. 车载充电机上的指示灯

车载充电机上有三个指示灯，用来显示充电状况。

（1）各指示灯功能

1) POWER 灯（交流）：电源指示灯（绿色），当接通交流电后，电源指示灯亮起。

2) CHARGE 灯（工作）：正常工作指示灯（绿色），当充电机接通动力蓄电池进入充电状态后，充电指示灯亮起。

3) ERROR 灯（警告）：警告指示灯（红色），当充电机内部有故障时亮起。

（2）显示充电状况

1) 充电正常时，POWER 灯和 CHARGE 灯点亮。

2）当启动0.5min后仍只有POWER灯亮时，有可能为动力蓄电池无充电请求或已充满，没有对汽车充电。

3）当ERROR灯点亮时，则说明充电系统出现异常，没有对汽车充电。

4）当充电灯都不亮时，检查充电桩以及充电线束及插接件，没有对汽车充电。

3. 充电机的保护功能

为了保护车载充电机免受过电流、过电压损坏，其自身具有以下保护功能：

1）交流输入过电压切断保护功能。

2）输入欠电压告警和切断功能。

3）输入过电流、欠电流切断保护功能。

4）直流输出过电流切断保护功能。

5）输出短路切断保护功能。

6）输出电极接反保护功能。

在输入电压远远超过额定电压时，会烧毁车载充电机。在长时间大电流充电状况下，车载充电机会积聚大量的热量，如果散热不良会导致车载充电机保护降低充电电流，充电电流过大或温度过高会导致充电机损坏。

车载充电机还具有以下优点：

1）根据动力蓄电池特性设计充电的曲线，可以延长动力蓄电池的寿命。

2）使用方便，维护简单，单独对BMS进行供电，由BMS控制智能充电，无须人工值守。

3）保护功能齐全，适用范围广，具有多重保护功能。

4）整机温度保护为75℃，当机内温度高于75℃时，充电机输出电流变小，高于85℃时，充电机停止输出。

四、车载充电机的控制电路

1. 充电电流流向

车载充电机为动力蓄电池充电是多个部件参与工作的过程，从慢充接口输入市电交流电，再用导线输入车载充电机，经过充电机转换成高压直流电，再用高压电缆输入动力蓄电池。以充电电流流向的方块图表示整个充电过程，如图2-10所示。

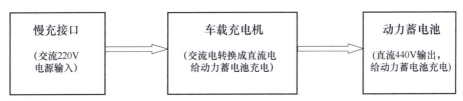

图2-10 充电电流流向的方块图

2. 充电电路

充电电路如图2-11所示。

3. 各端子功能

（1）直流输出端子 与动力蓄电池连接的直流输出端子如图2-12所示。A脚为动力蓄电池电源负极输出/输入端子，B脚为动力蓄电池电源正极输出/输入端子。

（2）交流输入端子 与慢充电口连接的交流输入端子如图2-13所示。1脚与慢充电口

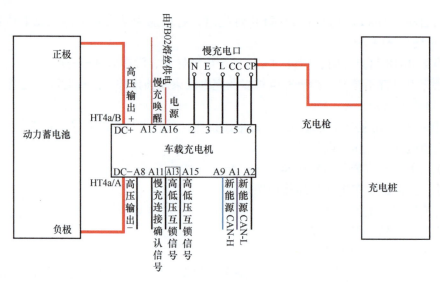

图 2-11　充电机充电电路

的 L 端（交流相线）相连接；2 脚与慢充电口的 N 端（交流零线）相连接；3 脚与慢充电口的 PE 端（地线）相连接；4 脚为空脚；5 脚与慢充电口的 CC 端（充电连接确认线）相连接；6 脚与慢充电口的 CP 端（控制确认线）相连接。

（3）车载充电机端子　车载充电机端子共 16 个针脚，如图 2-14 所示。

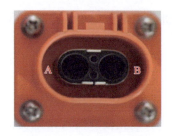

图 2-12　直流输出端子

图 2-13　交流输入端子
1—L 脚　2—N 脚　3—PE 脚
4—空脚　5—CC 脚　6—CP 脚

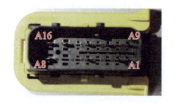

图 2-14　车载充电机端子

车载充电机各端子功能见表 2-2。

表 2-2　车载充电机各端子功能

端子号	功　　能
A1	新能源 CAN-L（通信数据线）
A2	CAN 地线
A5	高压互锁信号线输出
A8	充电机地线（辅助蓄电池）
A9	新能源 CAN-H（通信数据线）
A11	CC 线与 VCU36 脚连接，慢充连接信号线
A13	互锁输入（到空调压缩机低压插件）

（续）

端 子 号	功　　能
A15	慢充唤醒线 12V +　OUT
A16	充电机电源（辅助蓄电池）12V +　IN

五、慢充充电控制策略

1. 慢充充电的条件

动力蓄电池的 SOC 值低于 100%，高压互锁没有检测到打开，高压系统绝缘检测超过 500MΩ，检测动力蓄电池处于正常工作环境（动力蓄电池温度处于 0～55℃）。充电桩及充电枪性能正常，连接良好。

2. 充电的控制

纯电动汽车充电系统主要是用低压电进行控制，充电枪连接慢充口后，充电枪的 CC 脚与 PE 脚之间有 12V 直流电作为充电连接信号线输入充电机，并把该信号传输给 VCU，表示充电枪正确接入车辆慢充口。充电机在接收到 CC 的信号后，充电机产生 12V 慢充唤醒信号传输给 BMS、VCU 和仪表，其实是给这些部件供电，以保证 BMS、VCU 和仪表的正常工作，此时 VCU 通过信使信号（又称指令信号）给 DC/DC，DC/DC 变换器被激活并给低压蓄电池充电。

在车钥匙置于 OFF 位的情况下，车载充电机已经处于正常工作状态，输出高压直流电，BMS、VCU 和仪表虽然已经处于通电状态，但 BMS、VCU 检测车辆及动力蓄电池是否处于允许充电状态，如果条件允许，BMS 接通动力蓄电池总正、总负接触器，接通充电机输出端子，充电机为动力蓄电池充电，此时车辆已经进入充电状态，充电时 BMS 通过 CAN 通信控制车载充电机工作状态，包括工作模式指令、动力蓄电池允许最大电压、充电允许最大电流和加热状态电流值，保证充电时电压、电流是由 BMS 监控，保护动力蓄电池的充电安全。动力蓄电池检测充电完成后，BMS 给充电机发送停止充电指令，车载充电机停止工作，关闭 12V 慢充唤醒电源，VCU 指令 DC/DC 变换器停止工作，BMS 切断动力蓄电池总正、总负接触器，充电结束。

在气温寒冷的地区充电时，需要对动力蓄电池加热，加热状态时，BMS 将闭合负极接触器和加热继电器，通过 PTC 给动力蓄电池包内的电芯进行加热，此时 PTC 相当于一个电阻负载，充电机对负载直接供电，此时充电机不判断其输出端电压就闭合继电器开始工作。充电状态时，BMS 将闭合总正、总负接触器，车载充电机将先判断其输出端电压值，当检测到电压值满足充电条件后，充电机将闭合其输出端继电器，并开始对动力蓄电池充电。

六、车载充电机常见故障

1. 不能为动力蓄电池充电，警告灯闪亮

（1）故障现象　不能为动力蓄电池充电故障，警告灯闪亮。

（2）故障判断　不能为动力蓄电池充电，充电电路有故障。

（3）排除故障　测量输入电压是否在 170～260V，检查充电桩与充电枪的连接是否正常，充电线是否过细，若截面积小于 2.5mm^2，更换充电桩及更换满足条件的电线。

2. 不能为动力蓄电池充电，电源指示灯不亮

（1）故障现象　连接充电枪，充电机上指示灯都不亮，仪表上充电指示灯不亮。

（2）故障判断　不能为动力蓄电池充电，电源没有正确连接、车载充电机损坏。

（3）排除故障　检查充电桩供电是否正常，检查充电枪是否正常，充电机 CC 端是否有 12V 电压，如果都正常，则判断车载充电机损坏，更换充电机。

3. 不能为动力蓄电池充电，警告灯闪亮，仪表上充电机过热警告灯亮

（1）故障现象　不能为动力蓄电池充电故障，警告灯闪亮，充电机过热警告灯亮。

（2）故障判断　不能为动力蓄电池充电，充电机有温度过高的故障。

（3）排除故障　检查充电机散热风扇是否转动；检查散热风扇是否过脏，外表是否有杂物堵塞散热风道。

任务三　DC/DC 变换器的认知

 学习目标

1. 了解直流斩波电路原理。
2. 熟知 DC/DC 变换器的结构及技术参数。
3. 掌握 DC/DC 变换器的电路原理。
4. 掌握 DC/DC 变换器的常见故障。

 知识储备

一、DC/DC 变换器的作用

DC/DC 变换器是将动力蓄电池的高压直流电转换为整车低压 12V 直流电，给整车低压用电系统供电及辅助蓄电池充电。

电动汽车整车控制中包括 VCU、BMS、MCU、车身电气等系统，均采用 12V 低压供电，如果辅助电源电压过低会导致电动汽车不工作或不能点亮 READY 灯，导致无法起动车辆。

二、DC/DC 变换器的结构及电路原理

1. 外部结构

DC/DC 变换器工作中会产生大量的热量，外壳一般带有散热片，外部连接端子与高压控制盒的高压输入电缆相连接，产生的低压直流电通过外部的低压输出正极端子、低压输出负极端子与低压电路相连接，DC/DC 变换器工作时通过低压控制端与仪表、VCU 等系统进

行通信和信息交换，保证 DC/DC 变换器与整车协调工作，如图 2-15 所示。

DC/DC 变换器及插接件也要进行防水、防尘，符合 IP67 防护等级要求。外部无灰尘杂物，通风良好，保证良好的散热。

2. 内部结构

内部结构中主要分为高压输入部分、电路板部分和整流输出部分，如图 2-16 和图 2-17 所示。高压输入部分主要是将从高压控制盒出来的高压直流电引入 DC/DC 变换器内部，电路板部分主要是把高压直流电转换成高压交流电，再把高压交流电降压至低压交流电，整流部分是将交流电进行整流转换成低压直流电。

图 2-15　DC/DC 变换器外部结构

图 2-16　DC/DC 内部正面结构

3. 电路工作原理

DC/DC 变换器的工作主要是斩波器的调压作用，斩波器是一种输入的直流电压以一定的频率通断，从而改变输出的平均电压的变换器，电动汽车上是指直流对直流的转换。斩波电路是斩波器的核心组成部分，负责将输入直流电压转换成目标输出直流电

图 2-17　DC/DC 内部反面结构

压。根据输入输出电压大小、极性，斩波电路主要分为降压斩波电路、升压斩波电路和升降压斩波电路。降压斩波电路是将电压较高的直流电源降低为低压直流电；升压斩波电路是将电压较低的直流电源升至电压较高的直流电源；升降压斩波电路是指输出电压既可低于输入电压，也可高于输入电压。

电动汽车的 DC/DC 变换器采用降压斩波电路，工作原理如图 2-18 所示，斩波电路分为 DC/AC、变压器、整流二极管和滤波电路四个部分。DC/AC 部分采用高频电路交替控制四个大功率管的导通和截止，将高压直流电转换成高压高频的 PWM 电源，其频率和占空比由高频电路的频率和控制功率管的导通时间决定，该 PWM 电源经过高频变压器的降压，将原来高频高压的电源电压降低，此时是高频低压电源，经过二极管的整流和电容器的滤波，将高频低压电源转换成低压直流电源，完成电压的变换，给整车和辅助蓄电池供电。

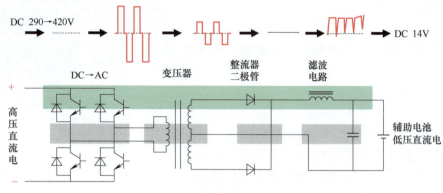

图 2-18　DC/DC 变换器电路（斩波电路）工作原理图

三、电动汽车 DC/DC 变换器的技术参数

北汽新能源 EV200 车型的 DC/DC 变换器正常工作状态下，输入直流高压电 240～410V，在充电状况下，低压使能电压为 9～14V。上电后，正常的负荷下，DC/DC 变换器输出直流电压为 13.8～14V，最大输出功率为 800W，采用风冷的冷却方式，电源转换效率大于 88%。在测量 DC/DC 变换器是否正常工作时，一般采用测量输出的低压直流电压就可以判断。

DC/DC 变换器工作状态的判断。

第一步，保证整车线束正常连接的情况下，上电前使用万用表测量辅助蓄电池端电压，并记录。

第二步，整车 ON 档上电，继续读取万用表数值，查看变化情况，如果数值在 13.8～14V，判断为 DC/DC 工作。

整车 ON 档上电或充电唤醒上电，动力蓄电池完成高压系统预充流程，VCU 通过低压控制线发给 DC/DC 变换器使能信号，DC/DC 变换器开始工作。

四、DC/DC 变换器的更换

提醒：DC/DC 变换器属于高压部分，更换需要遵循高压操作要求。

1）工具设备检查，高压防护工具及拆卸工具的检查。
2）操作作业前检查车辆防护，个人安全防护，将车钥匙置于 OFF 位，断开辅助蓄电池。
3）拆卸低压输出负极线束、低压输出正极线束、低压控制端线束和高压输入端线束。
4）拆卸 DC/DC 变换器固定螺钉。
5）更换并安装 DC/DC 变换器。
6）DC/DC 变换器工作状态检查，上电后测量输出电压是否在 13.8～14V。
7）检查安装情况，包括固定螺钉紧固和线束的插接到位。

五、常见故障

车钥匙置于 ON 位，辅助蓄电池充电警告灯点亮。

（1）故障现象　车钥匙置于 ON 位后，辅助蓄电池充电警告灯点亮，DC/DC 变换器输出电压为 0。

（2）故障判断　DC/DC 变换器输出故障、外部高压电路故障或低压控制电路故障。

（3）排除故障　车钥匙置于 ON 位，测量 DC/DC 变换器输出电压是否偏低或为 0，测量高压输入电压是否在 240～410V，测量低压输出导线与辅助蓄电池的连接导通是否正常，检查低压控制线束连接是否正常、有无退针和接触不良情况，如果上述情况正常，则为 DC/DC 变换器故障。通过线路的修理恢复或更换 DC/DC 变换器进行故障排除。

任务四　动力蓄电池的认知

1. 掌握纯电动汽车动力蓄电池的作用。
2. 掌握纯电动汽车动力蓄电池内部构造。
3. 掌握纯电动汽车动力蓄电池管理及控制策略。
4. 掌握更换动力蓄电池电芯、模块的技能。

知识储备

一、纯电动汽车动力蓄电池的作用

动力蓄电池是纯电动汽车的能量储存装置，是电动汽车的动力源，是纯电动汽车最重要的部件之一，它决定了电动汽车的动力性能、续驶里程，还影响到电动汽车的制造成本。动力蓄电池输出电量为电动汽车提供电能，驱动车辆行驶，使用后，动力蓄电池的电能不断减少，需要补充电能（充电），以恢复动力蓄电池的电能。

电动汽车对动力蓄电池的要求是比能量大、比功率高、充放电效率高、稳定性高、成本低、安全性高，使用优质的动力蓄电池配置的电动汽车具有续驶里程远、加速快、使用寿命长的特点。电池比能量、比功率的提高是动力蓄电池研究发展的方向，也是电动汽车与燃油汽车竞争的关键点之一。

目前，常见的纯电动汽车动力蓄电池材料主要有铅酸蓄电池、磷酸铁锂电池、三元锂蓄电池、钛酸锂电池和钴酸锂电池等。由于锂电池的快速发展，目前大部分电动汽车采用的是锂电池，铅酸蓄电池在低速电动汽车、电动自行车、工程机械上还有使用。

二、动力蓄电池的构造

动力蓄电池系统主要由动力蓄电池箱、BMS、电池控制器、电池模块及其他辅助装置等

组成，如图 2-19 所示。

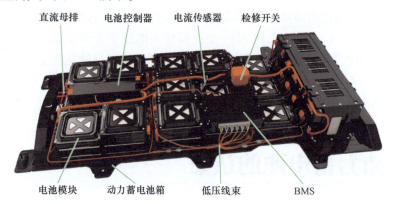

图 2-19　动力蓄电池的组成

动力蓄电池技术参数介绍

1. 动力蓄电池箱

动力蓄电池箱用于盛装电池模块、BMS 以及相应的辅助装置，并包含机械连接、防护等功能的总成，简称蓄电池箱，是电池模块的承载件，是支撑、固定、包围电池系统的组件，包含上盖和下托盘，还有辅助装置，如过渡件、护板和螺栓等，主要用于保护动力蓄电池在受到外界碰撞、挤压时不易损坏，在动力蓄电池安全工作和防护方面起着重要作用。

动力蓄电池箱体外形如图 2-20 所示，因为动力蓄电池较重且体积大，除了车架外，动力蓄电池是电动汽车最大的部件，长宽接近车辆车厢底部面积，重量一般超过 200kg，为了提高行驶时的稳定性能，动力蓄电池一般安装在车辆的底部，如图 2-21 所示。

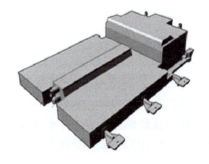

图 2-20　动力蓄电池箱体　　　　图 2-21　安装在汽车车底部的动力蓄电池

为了保护内部的电芯及电路，动力蓄电池底部用钢材、铝合金或其他坚固的材料制成结实密封的底壳，底壳有固定脚，把动力蓄电池总成通过螺栓固定在车身底部，为了维护、维修的需要，大部分电动汽车动力蓄电池可以从车身上拆卸下来。动力蓄电池的上部分采用钢材或树脂进行密封，保证动力蓄电池具有良好的防水、防尘性能，符合 IP67 的防护等级要求，常温下短时间内可以承受浅水浸泡而不会渗水，不会对内部电池造成有害影响，所以电动汽车可以承受短时的雨水飞溅、浸湿，而不影响汽车正常的使用。

动力蓄电池外部还有两组重要的电路端子与车身电路相连接，一组是动力蓄电池的总正、总负输出端子，另一组是动力蓄电池的 BMS 与车身控制系统（VMS）连接的控制电路端子。动力蓄电池外部还有安全维修开关、电池冷却系统等辅助装备。这些安装在电池外部的所有部件都有密封措施,在拆卸、维修、维护动力蓄电池时对所有相关密封部件按照维修手册要求操作安装,从而保证动力蓄电池良好的防尘、防水性能。

动力蓄电池箱外表面颜色通常为银灰或黑色,喷亚光漆;动力蓄电池箱内表面不得有划痕、尖角、毛刺、焊缝及残余油迹等外观缺陷,焊接处必须打磨圆滑。另外,动力蓄电池箱还需满足诸多功能需求:

(1) 耐振动强度高　静强度一般比较容易达成,而振动强度和疲劳耐久性是保证动力蓄电池安全的重点。

(2) 耐冲击性能强　经历冲击试验后,要求动力蓄电池箱外部及内部不应有机械损坏、变形和紧固部位的松动现象。

(3) 碰撞安全性能高　这是考虑到车辆在发生正面碰撞、侧面碰撞以及后碰撞过程中可能对动力蓄电池箱造成的挤压破坏。

(4) 密封性能要求高　动力蓄电池位于车身底板下方,在车辆外侧,且离路面很近,防水、防尘的密封要求必不可少。

(5) 防腐性能要求高　动力蓄电池箱极易粘黏雨水、泥浆,是腐蚀重灾区,其防腐性能要求较高。

(6) 阻燃性能好　为提高动力蓄电池的使用安全性,动力蓄电池箱应具备良好的阻燃性能。

(7) 抗石击性能强　动力蓄电池箱在车辆行驶过程中易受到飞石撞击,为此需增加抗石击性能防护性设计。

(8) 无积水结构　动力蓄电池箱上方应避免凹台出现,否则易形成不必要的积水。

(9) 轻量化设计　考虑到车辆的综合性能表现,动力蓄电池箱应尽量追求轻量化。

2. 电池控制器

电池控制器,简称 PRA,又称动力蓄电池继电器盒,如图 2-22 所示。电池控制器是控制动力蓄电池高压直流电输入与输出的开关装置,也是动力蓄电池故障诊断的重点关注对象。内部包含多个继电器和接触器,BMS 完成对继电器的驱动供给和状态检测,继电器控制往往是和 VCU 协调控制,为了保证动力蓄电池的正常使用及性能的发挥,继电器、接触器闭合、断开的状态以及开关的顺序都很重要。

动力蓄电池继电器盒主要包含总正接触器、总负接触器、预充继电器、预充电电阻、继电器电源/控制插件、电压检测插件和高压插件等。

其内部结构主要部件如图 2-23 所示,其中总正接触器(正极继电器)和预充电电阻继电器的开闭由 BMS 控制,总负接触器(负极继电器)的开闭由 VCU 控制,预充电电阻用来缓和瞬时高压、减少电流对电路的冲击,达到保护动力蓄电池的目的。

图 2-22　动力蓄电池控制器

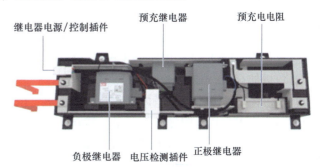

图 2-23　动力蓄电池控制器结构组成

3. 动力蓄电池内部构造

动力蓄电池内部可分为电芯、BMS 和辅助装置三部分。

（1）电芯　动力蓄电池的电能储存最小单元是电芯，根据电动汽车的电能管理要求，多个电芯进行并联组合成蓄电池电芯组，多个蓄电池电芯组串联成电池模块，多个电池模块串联成电池包，电池包组成动力蓄电池，如图 2-24 所示。

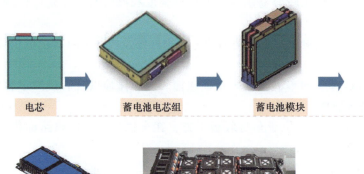

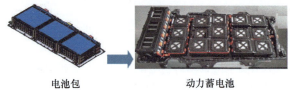

图 2-24　电芯组合成动力蓄电池示意图　　　　单体蓄电池物理结构介绍

电芯的比能量、比功率决定了动力蓄电池的性能，决定了电动汽车的续驶里程，提高电芯的性能是各大电动汽车制造商、动力蓄电池制造商竞争的关键，平时称某种电池指的是电芯采用的正极材料是什么，比如磷酸铁锂电池，就是电芯的正极材料是由磷酸铁锂制成的。目前大部分纯电动汽车动力蓄电池采用的是磷酸铁锂电池或三元锂电池。

磷酸铁锂电池是指以 $LiFePO_4$ 为动力蓄电池的正极材料的可充电锂离子蓄电池。

三元锂电池（镍钴锰酸锂）是指以 Ni、Co、Mn 三种金属元素为正极材料的可充电锂电池。Co 元素增加能有效减少阳离子混排，降低阻抗值，提高电导率及改善充放电循环性能；但随着 Co 元素增加，材料的可逆嵌锂容量下降，成本增加。Ni 元素的存在有利于提高材料的可逆嵌锂容量，但过多的 Ni 元素会使材料的循环性能恶化。Mn 元素可以降低材料成本，而且结构稳定，可提高材料的稳定性和安全性。Mn 元素含量过高会出现尖晶石而破坏材料的层状结构。但是三元锂电池比能量大于磷酸铁锂电池，在乘用车上使用较为广泛。

电芯在组合成动力蓄电池时，一般采用先并联再串联的组合方式，如北汽新能源 EV200 动力蓄电池采用 3P91S 的组合，3 片电芯并联成蓄电池电芯组，91 个电芯组进行串联，每片电芯容量为 30.5A·h，电压为 3.65V，组合成容量为 91.5A·h，电压为 332V 的动力蓄电池，可以储存 30.4kW·h 的电量。

电芯性能主要有容量、内阻、充放电次数、电压和电流等参数，容量可以用充放电测试仪测量，内阻采用内阻测试仪测量，装在动力蓄电池里的电芯参数必须符合选配要求，并且要求一组动力蓄电池所有电芯各参数基本一致（差别越小越好）。由于制造的一致性问题、使用中的不同状况等原因，导致电芯容量、内阻产生细小差异，经过动力蓄电池多次的充电和放电后，电芯的储存电量、电压差异不断变大，BMS 为了保护电芯安全，只能减少动力蓄电池的充放电电压，往往以容量最小的电芯电压作为充放电结束的指标，电芯的不一致性导致动力蓄电池储存电量的衰减，直接减少电动汽车的续驶里程，此时需要对电芯容量和工作电压检测，更换电压偏差较大的电芯，或对动力蓄电池电芯进行平衡，以减小电芯容量、电压的差异，恢复动力蓄电池储电容量。

（2）BMS　BMS 是动力蓄电池保护和管理的核心部件。在动力蓄电池系统中，BMS 的作用相当于人的大脑，它不仅要保证动力蓄电池安全可靠地使用，而且要充分发挥动力蓄电池的储电能力并延长使用寿命，作为动力蓄电池和 VCU 与驾驶者沟通的桥梁，通过控制接触器控制动力蓄电池组的充放电，并向 VCU 上报动力蓄电池系统的基本参数及故障信息。BMS 的主要任务是保证动力蓄电池一直处在正常、安全的工作状态，在电池状态出现异常时及时响应处理，并根据车辆行驶状态、环境温度、电池状态决定电池的充放电功率等。外形如图 2-25 所示。

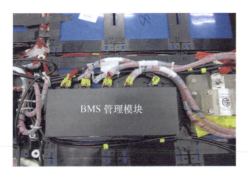

图 2-25　BMS 管理模块

动力蓄电池 BMS 各端口认知

1）BMS 的组成。BMS 按性质可分为硬件和软件，按功能分为数据采集单元和控制单元。

BMS 的硬件：主板、从板及高压盒，还包括采集电压、电流、温度等数据的电子器件。

BMS 的软件：监测动力蓄电池的电压、电流、SOC 值、绝缘电阻值和温度值，通过与 VCU、充电机的通信来控制动力蓄电池系统的充放电。

2）BMS 的功能。BMS 实时采集动力蓄电池的电压、电流、SOC 值、绝缘电阻值和温度等数据，时时监控动力蓄电池的工作状态、判断动力蓄电池发生的故障，并通过 CAN 线与 VCU 或充电机进行通信，对动力蓄电池系统充放电等进行综合管理。此外 BMS 还具有高压回路绝缘检测功能，以及为动力蓄电池系统加热功能。

其中，SOC 用来提示动力蓄电池组剩余电量，是计算和估计电动汽车续驶里程的基础。只有 BMS 准确估算电池组的 SOC 才能有效提高动力蓄电池组的利用效率，防止由于过充电或过放电对动力蓄电池造成损伤，有效保障动力蓄电池组的使用寿命。

此外，BMS 还负责与整车、充电机等建立联系，接收加速、充电等操作需求信息，及时调整电流输出。

总的来说，BMS 的功能主要包括：

① 估算动力蓄电池荷电状态（SOC）。

② 动态监控动力蓄电池内部电芯的工作状态。

③ 动力蓄电池内部电芯电压的均衡。

④ 动力蓄电池内部温度控制。

⑤ 与其他控制器进行通信。

3）BMS 对动力蓄电池的温度监控。BMS 对动力蓄电池的温度监控是通过限制充放电电流大小以降低发热量，控制动力蓄电池温度不过高。在冬季，动力蓄电池的温度低于 $-20℃$ 时，BMS 会中止充电和放电，此时 BMS 打开内部加热电路，安装在动力蓄电池底部的电热丝对电芯加热，以提升电芯温度，恢复动力蓄电池的充电和放电，保障电动汽车正常行驶。

动力蓄电池防止温度过热的控制也是 BMS 的重要内容，动力蓄电池储存大量的电能和电子器材，在充放电过程时会产生大量的热能，在设计时必须考虑电芯和电子器材的工作温度不超过正常值。动力蓄电池的散热一般采用自然散热，内部热量通过动力蓄电池外壳散发，有些电能容量大、发热量大的动力蓄电池采用冷却液散热，在动力蓄电池内部设计冷却液循环通道，促进动力蓄电池的快速散热，保证内部工作温度正常。如果动力蓄电池温度还是较高，超过设定值，BMS 通过限制充电或放电电流，减少电芯和电路的发热量，来控制动力蓄电池内部的温度。如果动力蓄电池温度超过限值，BMS 通过仪表报警，甚至切断充电、放电电流，以保护动力蓄电池不受损坏。极端情况下，动力蓄电池内部温度过高，BMS 切断动力蓄电池电流但电芯温度仍很高，电芯温度持续升高，导致内部隔膜绝缘破坏，电芯内部短路而温度快速升高，引发冒烟、起火事故。

BMS 管理模块内储存大量的运行软件，通过控制策略保障动力蓄电池安全、高效地运行，并把检测到的故障通过数据线报告给仪表及解码仪。

BMS 的管理电源是采用 12V 的辅助蓄电池作为 BMS 的电源，通过低压电源去控制动力蓄电池的高压电路，如控制总正、总负接触器。

（3）辅助装置　辅助装置主要是动力蓄电池内部其他重要材料，比如动力蓄电池组之间连接导线和连接螺栓、继电器、熔丝、插接器、密封材料、绝缘材料等，是为了安全实现动力蓄电池充电、放电功能的辅助装置，辅助装置也直接影响动力蓄电池的性能，如图 2-26 所示。

动力蓄电池外壳还具有散热功能，动力蓄电池外壳不能覆盖防护板或底盘装甲，以保证正常的散热能力，保护内部工作温度正常。

1）电流传感器。电流传感器用来监测母线充、放电电流的大小，类型为无感分流器，在电阻的两端形成毫伏级的电压信号，作为监测总电流，型号 300A75mV，如图 2-27 所示。

图 2-26　动力蓄电池内部的辅助装置

图 2-27　电流传感器

动力蓄电池母线电流监测如图2-28所示。

北汽新能源对SK三元锂蓄电池充电上限截止电压4.14V,放电截止电压3.20V,留出0.5V余量可以保证电芯不会过充电、过放电。

2)熔断器。熔断器防止能量回收过电压、过电流或放电过电流,如图2-29所示。

图2-28 动力蓄电池母线电流监测

图2-29 熔断器

熔断器规格有多样,图2-29中的熔断器最大电流为250A,电压为500V。

3)加热继电器与熔丝。充电前检测箱体内部温度,保障电芯的温度范围在0~55℃(慢充)或5~55℃(快充),才可以充电。加热继电器与熔丝如图2-30所示。

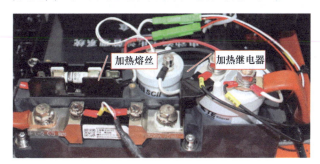

图2-30 加热继电器与熔丝

三、动力蓄电池管理及控制策略

动力蓄电池管理主要是对动力蓄电池的安全和性能的监控,保护动力蓄电池及车辆安全,保障整车动力系统高效运行,保证高压系统安全供电,执行VCU的指令,实现动力蓄电池对外部负载上下电;控制实现制动能量回馈;保障动力蓄电池充放电过程安全、合理;实现动力蓄电池信息与外部交流通信。

动力蓄电池管理主要有以下功能:动力蓄电池状态监测、电芯安全保护、能量控制管理和电池信息管理。动力蓄电池管理是通过BMS运算来实现的,BMS通过CAN与VCU通信实现与整车的匹配。

1. 动力蓄电池低压电路

动力蓄电池低压电路线束如图2-31所示。

动力蓄电池低压电路主要由BMS、电芯电压(均衡)采集电路、温度传感器控制电路、总正、总负接触器控制电路、加热控制电路和信息通信电路等组成。

低压电路所需电源通过辅助蓄电池供电或 DC/DC 变换器转变成低压电源后供电。

2. 电池状态监测

电池状态监测一般指 BMS 对动力蓄电池的电压、电流、温度这三种参数的监测，是 BMS 最基本的功能，是其他各项功能实现的前提与基础。

BMS 监测动力蓄电池的总电压、总电流，还监测每块电芯充放电时的电压、电流及动力蓄电池内部各位置的环境温度。BMS 采集电芯电压电路如图 2-32 所示。

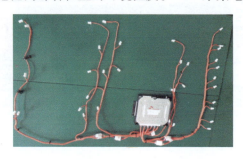
图 2-31　动力蓄电池低压电路线束

图 2-32　BMS 采集电芯电压电路

3. 动力蓄电池安全保护

动力蓄电池保存安全和使用安全是电动汽车系统管理中最重要的功能，也是动力蓄电池管理最重要的内容。一般有高压绝缘保护、过电流保护、过充电、过放电保护和过温保护功能。

（1）高压绝缘保护　为了防止电动汽车高压漏电，保护乘客、修理工等车辆使用者不受高压电的伤害，BMS 设计有高压漏电检测电路和高压互锁电路。检测到高压绝缘电阻低于安全值，BMS 通过降低动力蓄电池输出功率、切断高压电路等措施避免漏电引起的触电事故，并通过 VCU 向仪表点亮警告灯；BMS 检测到高压互锁电路被断开，判断高压电路被打开，存在乘客、修理工触电风险，BMS 切断高压电路并通过 VCU 向仪表点亮警告灯。高压维修开关也是高压保护的一个重要部件，在车辆检修时断开高压维修开关，切断高压电路，保护修理工免受触电危险。

（2）过电流保护　过电流保护指在充、放电过程中，如果工作电流过大，超过了安全值，BMS 采取相应的保护措施，充电时通常发指令给充电机或充电桩降低充电电流，甚至切断动力蓄电池充电电路，从而保护电路、动力蓄电池的安全；放电时，通常发指令给 MCU 限制输出电流，甚至切断动力蓄电池充电、放电电路，从而保护电路、动力蓄电池的安全。

（3）过充电、过放电保护　过充电保护是指动力蓄电池荷电状态为 100% 的情况下或电芯最高电压超过上限时，为了防止继续充电对电芯造成损坏，BMS 切断高压电路。

过放电保护是指动力蓄电池荷电状态为 0 的情况下或电芯最低电压低于下限时，为了防止继续放电导致电芯损坏，BMS 切断高压电路。

充、放电时，正常情况下动力蓄电池内部电芯电压基本一致，动力蓄电池能正常使用，但是存在制造上的一致性差异，或使用一段时间后，电芯存在内阻变化、容量变化，会出现个别电芯电压过高或过低现象，影响动力蓄电池的正常使用。BMS 对电芯电压实时监测，并作出相应动作,电芯间电压超过300mV,BMS通过VCU向仪表报警,电芯间电压超过500mV,BMS通过VCU向仪表报警的同时直接切断高压电路,以保护电芯不受更大损伤。充电时,动力蓄电池内部某个电芯电压过高,其他电芯电压还未到最高电压,但BMS进行过充电保护而终止充电,此时动力蓄电池大部分电芯的电量还未充满;放电时,动力蓄电池内部某个电芯电压过低,其他电芯电压还未到最低电压,但BMS进行过放电保护而终止放电,此时动力蓄电池大部分电芯的电量还未释放完。这两种原因都会导致电动汽车续驶里程变短。通过读取动力蓄电池电芯电压,对存在电压异常的电芯进行放电或补电,如果电压异常的电芯性能仍达不到其他电芯的性能,则需要更换该异常的电芯,并且新换的电芯与其他电芯的内阻、容量、电压相一致且均衡,以恢复电动汽车的续驶里程。当电动汽车出现续驶里程短、电池容量降低的故障时,大部分纯电动汽车需要拆卸动力蓄电池总成,拆解电池组时,用电池平衡仪进行电芯电压的平衡,以恢复动力蓄电池性能的一致,但高端的电动汽车BMS检测到电芯之间电压偏差过大时,可以在充电时自动均衡,节省了人力和时间成本。

4. 能量控制管理

能量控制管理就是动力蓄电池的充放电管理、剩余电量管理和温度控制管理。

动力蓄电池包系统
内部高压电流流向

(1)充电控制管理 充电控制管理是指BMS在动力蓄电池充电过程中对充电电压、充电电流、充电时间、充电温度等参数进行实时的优化控制,包括BMS与充电桩的握手对接及数据交换。

充电包括慢充和快充,商业化的充电桩安装了计费系统,读取充值卡余额,计费系统开始计费后充电系统进入充电状态。连接慢充电枪后,慢充枪与车载充电机端子数据进行判断后就进入充电状态。连接快充电枪后,BMS与充电桩采用CAN总线用报文数据交换,互相识别型号和允许最大、最小充电电流和最高充电电压等重要参数,同时进行高压绝缘检测、剩余电量计算等,充电桩检测符合充电条件后BMS才接通总正、总负接触器,允许动力蓄电池补充充电。

在充电时,BMS检测到动力蓄电池SOC值到100%或单体电芯电压达到了规定值上限(磷酸铁锂电池最高电压3.7V,钴酸锂电池4.2V,三元锂电池4.2V,碳酸锂电池2.75V),发出指令关闭高压电路,切断充电电路,并发出报文。

制动能量回收也是能量管理的重要内容,电动汽车高速行驶中释放加速踏板或制动时,MCU把电机发出的脉动直流电能或交流电能转化成直流电能并储存到动力蓄电池中,制动能量回收能提高能量利用率,增加电动汽车的续驶里程。为了有能量回收的能力,有些电动汽车的动力蓄电池SOC值处于90%~95%,剩下5%~10%的空间给予吸收回收电量。有些微型电动汽车,为了节约成本、提高续驶里程,动力蓄电池没有留出少量能量储存空间,所以充满电开始行驶的时候无法进行制动能量回收,等使用一段时间SOC值低于90%后,才有制动能量回收功能。

(2)放电控制管理 动力蓄电池的放电控制管理是指在动力蓄电池的放电过程中根据动力蓄电池的状态对放电电流大小进行控制。加入放电控制管理不仅可以防止动力蓄电池组过放电损坏,而且能保障动力蓄电池发挥更大的效能。比如SOC显示20%的剩余电量时,BMS发出低电量警告并发出指令给MCU限制电流输出,有利于延长电动汽车续驶里程,如果SOC值到0时,BMS会切断总正、总负接触器,切断放电总线,防止动力蓄电池电芯过放电。

BMS检测到动力蓄电池过热时，除了仪表上报警，还发指令给MCU降低电机的输出功率，发指令给其他需电量大的设备关闭用电，比如后窗加热器、座椅加热、空调等。温度超过限制则关闭总正、总负接触器，动力蓄电池温度正常后再吸合总正、总负接触器，恢复行驶功能。

(3) 剩余电量管理　驾驶人使用电动汽车时，会参照燃油车的特点去观察这个剩余电量显示表，判断车能行驶多少时间、多少里程，因为电动汽车给大家的印象就是续驶里程短，驾驶人更会关注电动汽车还能行驶多少里程。剩余电量就好比是燃油汽车的油量表，反映该车余下的电量能行驶多少里程，方便驾驶人规划行驶路线，保障汽车行驶到目的地。剩余电量管理能保证剩余电量在汽车仪表盘上正确地显示。

(4) 温度控制管理　温度控制管理保护动力蓄电池组内部温度处于正常范围内，防止温度过低或温度过高损害电芯或其他电气设备。动力蓄电池内部温度低于-20℃时，BMS报警并切断动力总线，停止充放电。部分电动汽车具有为动力蓄电池内部的电芯用电热丝加热的功能，加热电芯至正常温度，方便冬季使用电动汽车。

为了保护电芯温度不过高，动力蓄电池内部多个部位安装温度传感器，检测到温度高于50℃时，BMS报警并降低功率，超过55℃时切断动力总线或停止充放电，温度降低至50℃以下时，动力蓄电池恢复正常充放电。

5. 电池信息管理

由于电动汽车上有大量锂离子蓄电池，工作时每一秒钟都会产生大量的监控数据，这些电芯的监控数据通过BMS与充电桩、仪表、VCU、MCU、车载充电机等进行大量的数据交换，保证电动汽车的正常使用。动力蓄电池的剩余电量、存在的故障、电池温度、充放电电流等相关信息经BMS通过CAN总线传输给仪表，通过仪表来显示这些重要数据。也有一些数据作为历史数据保存在系统中。

(1) **电池信息的显示**　BMS通过仪表把电池状态信息显示出来，告知驾驶人或维修人员，一般显示信息有以下三类：

1) 实时电压、电流、温度的显示。一般显示整个动力蓄电池组的总电压、总电流、最高电芯电压、最低电芯电压、动力蓄电池各位置的最高温度和最低温度。

2) 剩余电量信息的显示。与传统燃油汽车类似，纯电动汽车用百分比显示剩余电量 (SOC值)，为了有更直观的感受，仪表也显示估算出来的剩余续驶里程。

3) 警告灯显示。当整车控制器检测或接收到动力蓄电池组存在安全问题，如绝缘性能下降、电流过大、内部温度过高、电芯电压过低或过高，此时BMS通过仪表及时告知驾驶人采取措施或去服务站维修。

(2) **系统内外信息的交互**　电动汽车控制依靠车载通信网络，动力蓄电池的管理系统具有外网和内网的关系，其中"内网"用于传递、交换BMS的内部信息，比如监控的每一块电芯的电压信息实时传入BMS。"外网"用于BMS与快充桩、VCU、MCU和车载充电机等部件进行信息交换，将BMS监测到的电芯电压、电流、温度等信息发送给快充桩、VCU和MCU等相关部件，同样VCU也需要将绝缘监测、快充接入监测、允许充电等大量重要的信息发送给BMS，以做到协调工作。

(3) **电池历史信息的存储**　功能完善的动力蓄电池具有历史信息存储功能，有以下几方面的作用：

1）数据缓冲，提高分析估算的精度。由于存在干扰，实时监测到的电压、电流数据会存在偏差，利用历史数据，有助于对存在的错误数据进行过滤，以得到准确的数据。

2）帮助分析电池状态。能根据一段时间电芯的历史数据，对动力蓄电池的老化状态进行评估。

3）帮助故障分析与排除。动力蓄电池内部储存的历史信息有利于维修人员对车辆数据的分析或故障的判断，以便快速排除故障。

四、动力蓄电池电芯的更换

动力蓄电池出现绝缘报警、续驶里程缩短、容量下降等状况时，需要将动力蓄电池卸下检修，这是一项重要的维修内容，对新能源汽车的修理，从更换动力蓄电池、更换电芯入手，建立安全、规范的操作步骤，防止意外产生。

动力蓄电池模块
结构认知

1. 更换动力蓄电池

（1）场地准备　场地有除颤仪等抢救必需设备，配备灭火器、消防栓等消防设备。

检修场地应铺设绝缘地垫，绝缘地垫5个测量点与地绝缘电阻大于2GΩ（测量电压为1000V）。

电动汽车停放在举升车中间，将车钥匙置于OFF位，拉紧驻车制动，车上安放防护用具，准备个人安全防护用具、检测测量设备，准备好举升车和常用拆装工具（绝缘工具）。

修理场地与周围隔离开来，设置警告标志，防止无关人员进入。

车顶安放高压电作业警告标志。

（2）修理人员准备　修理人员必须考取低压电工作业操作证，应持证上岗。低压电工操作证是国家为了规范特种作业人员的安全技术操作，提高特种作业人员的安全技术水平，防止和减少伤亡事故的基本依据。

按照高压电修理规定，高压电维修时采取一人操作一人监护的原则，戴蓝色帽子的是主操作工，戴红色帽子的是监护人，明确两人的工作职责。

两人应穿戴合格的绝缘帽、防护眼罩、绝缘手套、工作服、绝缘鞋等安全防护用具。

（3）拆卸动力蓄电池　断开低压电路：将车钥匙置于OFF位，断开辅助蓄电池负极，并用绝缘胶布包扎。卸下安全检修阀，锁在修理人员工具箱内，汽车钥匙放在修理人员口袋里。

举升汽车：把举升车4支脚放入车身底部支撑位置。顶起车辆轮胎悬空地面，检查支撑脚是否正确，摇动车辆是否稳固，正常后举升车辆至合适高度，锁定举升车，方便修理人员进入车辆底部作业。

断开低压电路后等5min，再断开动力蓄电池控制线束、总正线和总负线，用万用表测量总正、总负线电压，如果大于5V，则用放电工装放电，如果电压低于5V，则用绝缘胶布包裹插座和底座，总正、总负线两个端子电压都低于5V时才能拆卸动力蓄电池。

举升车安放在动力蓄电池下方，让小车平面与动力蓄电池底部刚刚接触，先对角线预松螺栓，再拆卸动力蓄电池与车身连接所有固定螺栓。

降下举升车，动力蓄电池随小车平台一起下降，把动力蓄电池移动到规定地点。

(4)安装新动力蓄电池　检查动力蓄电池型号是否一致,是否有损坏、磕碰、漏水等异常情况,如有问题需修理后或换成合格的动力蓄电池再安装。

测量总正线、总负线与外壳的绝缘值是否大于 $500\mathrm{M}\Omega$（1000V）,绝缘性能不良不予装车。

新动力蓄电池安放在小车举升平台上,小车移动至电动汽车的下方,利用小车的举升能力顶到电动汽车安装动力蓄电池的位置,注意动力蓄电池的朝向和位置与车身固定位置吻合。

安装动力蓄电池与车身的固定螺栓,等全部装上后,对角线分步拧紧固定螺栓。

安装动力蓄电池控制线束、总正线和总负线,注意密封圈安装到位,卡扣固定正确。

(5)连接低压电源　放下电动汽车,连接辅助蓄电池负极,安装安全维修开关。打开起动开关,能否点亮 READY,检查安装状况。移除安全防护设施。

2. 更换电芯

(1)人员准备　修理人员必须考取低压电工作业操作证,持证上岗。

按照高压电修理规定,高压电维修时采取一人操作一人监护的原则,戴蓝色帽子的是主操作工,戴红色帽子的是监护人,明确两人的工作职责。

两人应穿戴合格的绝缘帽、防护眼罩、绝缘手套、工作服、绝缘鞋等安全防护用具。

(2)工具准备　拆装工具必须使用绝缘工具。测量设备必须有绝缘外壳,防止金属掉落在电池组里面导致电芯或电路短路。

(3)更换电芯　拆卸固定动力蓄电池上盖的固定螺钉,打开上盖,注意密封件不要损坏。

动力蓄电池组打开后,依照故障显示的位置找到有问题的电芯,拆卸固定的支架,拆开电极连接螺钉,卸下电池模块,取出有问题的电芯,换上正常的电芯,装入动力蓄电池内,并进行电池组电压均衡,做到各电芯的电压基本一致,符合 BMS 管理要求。

(4)检查安装是否正确　检查其他电芯和部件安装是否正常,检查无误后安装固定上盖,上盖与动力蓄电池的底座必须保证密封,按照维修手册要求打密封胶水。

检查动力蓄电池总成外观是否有损坏、磕碰等异常情况,外观无损伤,更换电芯的任务结束。动力蓄电池可以装车上电。

Project 3

项目三

充电系统

任务一 慢充电系统

学习目标

1. 掌握车辆慢充系统的结构原理。
2. 掌握车辆慢充系统的充电方法及流程。
3. 掌握慢充充电的通信。

知识储备

通常,电动汽车充电可分为快充电(简称快充)和慢充电(简称慢充),慢充电是纯电动汽车补充电能最常见的方法,慢充桩将外部的交流市电通过车载充电机转化成高压直流电并充入动力蓄电池,又称为交流充电因为充电电流较小,充电时间比快充长,往往被称为慢充。为了方便个人用户对电动汽车充电,乘用车都配置慢充接口,方便用户使用家中的市电为电动汽车充电,部分乘用车既有慢充接口,又有快充接口。

一、慢充系统的结构

车辆慢充系统外部设备由充电设备(慢充桩)和充电枪组成,车上设备由车载充电机、高压配电箱、动力蓄电池和 VCU 等部件组成,如图 3-1 所示。通过车载充电机将 220V 交流电转换为车辆充电所需的高压直流电,通过高压配电设备连接车辆动力蓄电池正负极母线输入动力蓄电池。充电过程中车载充电机、VCU、BMS 等部件通信通过 CAN 总线完成。本任务以北汽新能源 EV200 车型为例介绍慢充原理。

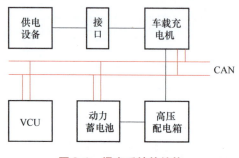

图 3-1 慢充系统的结构

交流充电控制策略

充电系统由快充系统和慢充系统组成,慢充系统由慢充接口、慢充线束、车载充电机、高压配电盒和动力蓄电池组成,具体实物位置如图 3-2 所示。北汽新能源 EV200 车型慢充

项目三 充电系统

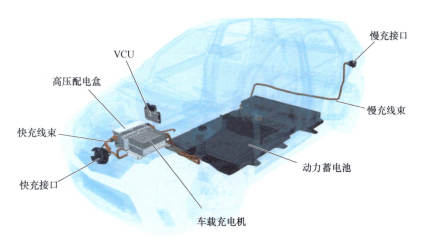

图 3-2　充电系统实物布置图

接口位于车身左后侧传统燃油车辆燃油加注口位置,快充接口位于车头格栅中网位置,车载充电机位于车辆前舱,动力蓄电池组位于车辆底部。所有高电压电力传输线束都用橙色高压线束,通信及控制线束用传统低压线束。

二、慢充系统部件

1. 慢充接口及线束

车载充电机慢充接口及线束如图 3-3 所示,各针脚功能见表 3-1。

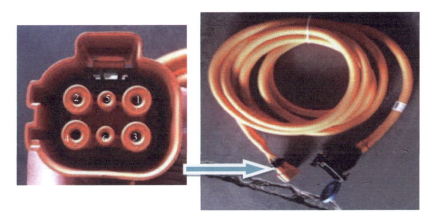

图 3-3　车载充电机慢充接口及线束

表 3-1　车载充电机接口各针脚功能

针 脚 号	功　　能
1	L（交流电源零线）
2	N（交流电源相线）
3	PE（车身接地（搭铁））
4	空

49

(续)

针脚号	功能
5	CC（充电连接确认）
6	CP（控制确认）

2. 慢充接口

慢充接口及针脚如图 3-4 所示。

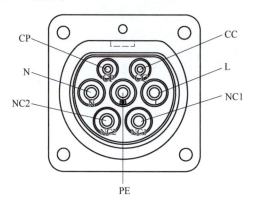

图 3-4 慢充接口及针脚

各针脚功能见表 3-2。

表 3-2 慢充接口各针脚功能

针脚号	功能
CP	控制确认线
CC	充电连接确认线
N	交流电源零线
L	交流电源相线
PE	车身接地（搭铁）
NC1	预留
NC2	预留

其中，接口 N/L 对应线束 1/2 号脚，是外部输入的交流电零线与相线。PE 为接地线，车身接地通过 PE 线与外部电源的接地相连。CP 为充电控制确认线，充电桩通过 CP 信号确认充电枪与车辆的连接状况并通过 CP 线接收来自车辆的充电请求信号。CC 线为充电连接确认线，车辆通过监测 CC 线的 RC 电阻值来确定充电枪提供的充电电流限值大小。

3. 车载充电机线束端子

（1）直流输出端子　与动力蓄电池连接的直流输出端子如图 3-5 所示。A 脚为动力蓄电池电源负极输出/输入端子，B 脚为动力蓄电池电源正极输出/输入端子。

（2）交流输入端子　与慢充电口连接的交流输入端子如图 3-6 所示。1 脚与慢充电口的

L 端（交流相线）相连接；2 脚与慢充电口的 N 端（交流零线）相连接；3 脚与慢充电口的 PE 端（地线）相连接；4 脚为空脚；5 脚与慢充电口的 CC 端（充电连接确认线）相连接；6 脚与慢充电口的 CP 端（控制确认线）相连接。

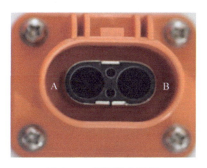

图 3-5　直流输出端子

图 3-6　交流输入端子
1—接 L 脚　2—接 N 脚　3—接 E 脚
4—接空脚　5—接 CC 脚　6—接 CP 脚

4. 高压配电盒到动力蓄电池组线束

高压配电盒到动力蓄电池组线束如图 3-7 所示。其中左侧插件接高压盒端，右侧插件接动力蓄电池端，中间采用高压线束连接。

高压配电盒端插件 A 脚为电源负极；B 脚为电源正极；C、D 脚为互锁线短接端子。

动力蓄电池端插件 1 脚为电源负极；2 脚为电源正极；中间为互锁端子。

图 3-7　高压配电盒到动力蓄电池组线束

5. 高压线束总成

高压线束总成即高压附件线束，如图 3-8 所示。主要指高压盒连接到 DC/DC 变换器的线束，车载充电机线束，空调压缩机线束、空调 PTC 加热器之间的线束。

高压线束总成接高压盒插件共有 11 个针脚，如图 3-9 所示。

图 3-8　高压线束总成

图 3-9　高压线束总成接
高压配电盒端子

高压线束总成接高压配电盒各端子功能见表3-3。

表3-3　高压线束总成接高压配电盒各端子功能

端子号	功　能
A	DC/DC 变换器电源正极
B	PTC 电源正极
C	压缩机电源正极
D	PTC-A 组负极
E	充电机电源正极
F	充电机电源负极
G	DC/DC 变换器电源负极
H	压缩机电源负极
J	PTC-B 组负极
L	互锁信号线
K	空引

高压线束总成接车载充电机端子如图 3-10 所示。A 脚为电源负极；B 脚为电源正极；中间两个针脚为互锁端子。

6. 慢充电枪

慢充电枪有多种形式，图 3-11 中为北汽新能源 EV200 随车充电枪，由交流插头、控制盒、电缆和充电枪组成，依据不同充电线的种类规定了不同的充电电流，由车载充电机检测充电枪内的 CC 线的 RC 电阻值不同来区分。

图 3-10　高压线束总成接车载充电机端子

图 3-11　北汽新能源 EV200 慢充电枪

三、慢充系统充电控制流程

慢充系统充电流程如图 3-12 所示。

在充电过程中，高压系统由 VCU、BMS 的低压电路检测和控制，除高压部件外，BMS、

项目三 充电系统

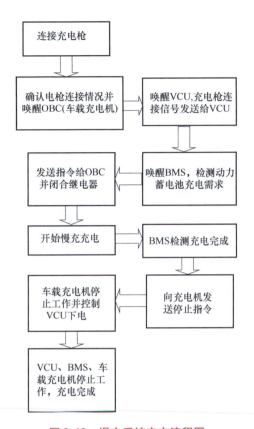

图 3-12 慢充系统充电流程图

VCU、信号采集器、DC/DC 变换器等部件也会被唤醒并参与充电过程的监测和控制。

四、充电状态与故障灯

1）在充电的过程中,可以通过车辆仪表观察整车充电状态和参数,并通过故障灯判断充电是否正常进行。充电状态显示如图 3-13 和图 3-14 所示。

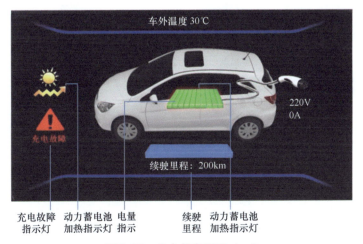

图 3-13 充电状态显示（一）

53

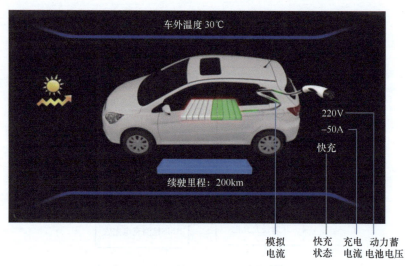

图 3-14　充电状态显示（二）

2）仪表主要故障灯有：

：充电指示灯，在电量低于 30% 时点亮，在电量低于 10% 时仪表显示"请尽快充电"，用于提示电量不足。

：充电枪连接指示灯，在充电枪与充电接口正确连接时在仪表显示。

知识拓展

1. 不同充电枪的连接方式

除前文中一头插座一头充电枪的充电线类型外，常见的充电枪还有两头充电枪和充电桩自带充电枪的类型，如图 3-15 所示。

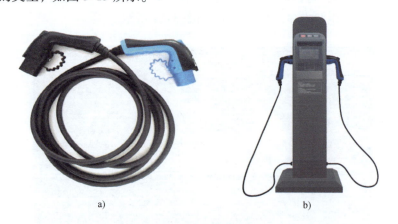

图 3-15　充电枪类型
a）两头充电枪　b）充电桩自带充电枪

慢充充电桩相当于一个交流电电源，充电枪输出的仍然是正常 220V 交流电源。两头充电枪充电线两头分别连接车辆慢充接口和充电桩电源接口，连接时需注意枪头标签。

该标签端充电枪为黑色，连接充电桩。该标签端充电枪为蓝色，连接车辆。

2. 充电枪 RC 电阻值与允许充电电流

车辆通过 CC 信号确认充电枪与车辆是否正确连接，同时，车辆也通过 CC 线上的 RC 电阻值的大小来确认允许的最大充电电流，具体对应关系见表3-4。

表3-4　充电枪 RC 电阻值与允许充电电流

RC 电阻值/Ω	最大充电电流/A
100	63
220	32
680	16
1500	10

任务二　快充电系统

 学习目标

1. 掌握车辆快充系统的控制电路。
2. 掌握快充充电的通信。
3. 掌握快充充电的工作过程。

 知识储备

纯电动汽车慢充充电时间较长，紧急情况下会影响日常使用，为了满足人们对电动汽车快速充电的期望，近年来陆续推出的快充系统倍受人们欢迎，快充系统成为纯电动汽车的常见配置。

快充系统要满足 0.5h 充到 80% 的电量，1h 完成基本充满的指标，所以快充过程中需要采用高电压、大电流、直接对动力蓄电池快速充电，为此，快充系统比慢充系统设计更为可靠，确保充电过程的高效和安全，快充也称为直流充电。

一、快充系统的结构图

快充系统由快充接口、线束、高压配电盒和动力蓄电池组组成，其结构原理如图 3-16

所示。电动汽车快充系统的结构相对慢充系统更为简单，整个车载系统没有变压和其他控制设备，外部电源直接将充电所需的高压直流电通过充电接口与配电设备送入动力蓄电池，通信与互测由充电桩与动力蓄电池控制单元共同完成。本任务以北汽新能源 EV200 车型为例介绍快充系统原理。

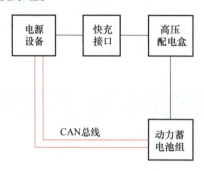

图 3-16 快充系统结构原理图

直流充电控制策略

二、快充系统的结构与电路原理

1. 快充接口电路与线束定义

快充接口是快充枪与车身连接的输电接口，直接关系到充电质量，因为充电电流大，所以充电枪与车身的连接阻值必须很小，连接必须可靠，同时要防止突然拔枪断电拉弧、充电过程中开车、过充电、接口温度过高等，所以快充时会考虑多项安全因素。

（1）快充接口电路图 快充接口是车身与快充电枪连接的部位，不同于慢充接口，快充接口电路基本反映出快充电路与枪结合的针脚和功能，图 3-17，反映出了快充枪各脚与车身各电路的连接。

（2）快充接口针脚 快充接口有 9 个针脚，如图 3-18 所示。

快充接口各针脚功能见表 3-5。

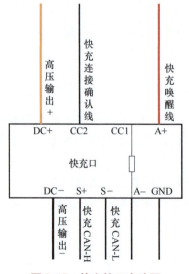

图 3-17 快充接口电路图

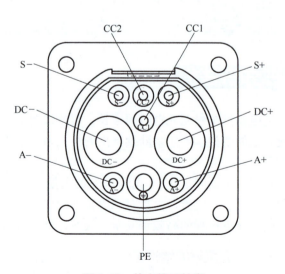

图 3-18 快充接口针脚

表3-5 快充接口各针脚功能

端 子 号	功 能
DC –	直流电源负
DC +	直流电源正
PE	车身接地（搭铁）
A –	低压辅助电源负极
A +	低压辅助电源正极
CC1	充电连接确认
CC2	充电连接确认
S +	充电通信 CAN-H
S –	充电通信 CAN-L

快充接口中，DC +、DC – 通过高压配电箱后与高压蓄电池高压正、负极母线相连，CC1 为充电桩的充电连接确认信号，CC2 连接 VCU（T121/17）为快充接口连接确认信号，A +、A – 为 12V 低压辅助电源，S +、S – 为快充 CAN 信号线。

（3）快充接口与整车连接线束　快充接口与整车连接线束如图 3-19 所示。

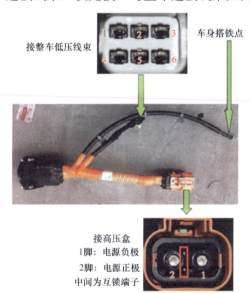

图 3-19　快充接口与整车连接线束

充电接口与整车连接线束为 6 脚插件，各针脚功能见表 3-6。

表3-6　快充接口与整车连接线束插件各针脚功能

端 子 号	功 能
1	A –（低压辅助电源负极）
2	A +（低压辅助电源正极）
3	CC2（充电插接器确认）
4	S +（充电通信 CAN-H）
5	S –（充电通信 CAN-L）
6	空

2. 快充系统充电过程

（1）快充枪的连接过程　快充桩通过充电枪与快充接口（车上侧）的信号连接，如图 3-20 所示。快充枪插入车辆快充接口后，快充桩通过快充接口的 CC1 信号判断充电插头与车辆是否连接，而车端则根据 CC2 信号进行判断，只有当车端和桩端都判定充电枪已连接才能判断为充电连接确认无误。

（2）快充唤醒信号　快充唤醒是为了配合快充完成，车辆其他相关系统从原来的休眠状态转入充电状态。相应的唤醒信号控制图如图 3-21 所示。快充充电枪与车身快充接口连接后，快充桩低压电源继电器 K3、K4 闭合，12V 低压辅助电源输入车身 VCU、RMS（数据采集终端）和仪表，唤醒各部件并通电工作，为车与充电桩的握手对话做准备。VCU 输出 BMS 唤醒信号，BMS 进入充电准备状态；VCU 输出快充使能信号，DC/DC 变换器进入工作状态，保障充电中所需要的辅助电能；VCU 输出快充唤醒信号，保障充电桩和车握手时的数据通信，也保障充电过程中充电桩和车数据通信。

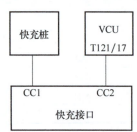

图 3-20　快充桩与快充接口连接模块图

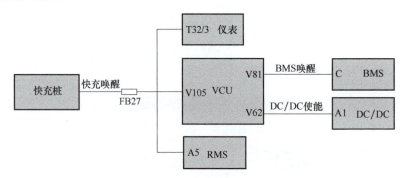

图 3-21　快充唤醒信号控制图

（3）快充 CAN 电路　快充 CAN 电路由 RMS 数据采集终端、BMS、直流快充桩和诊断接口组成，如图 3-22 所示，在快充时完成三个部件的数据传输，RMS 数据采集终端只提供检测数据。

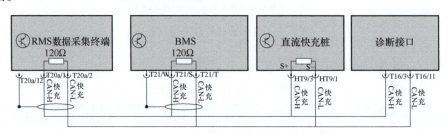

图 3-22　快充 CAN 电路的组成

快充的整个过程，充电桩与车辆不断交换信息，包括充电枪刚连接时握手过程的数据交换等，进入充电状态时车辆端仍然需要向桩端传输允许充电电流、电池温度、SOC、充电中止等信息，桩端向车辆端传输输出的最大电流、电压、充电终止等信息，大量的信息通过快充 CAN 线传输，快充 CAN 保障充电过程大量数据通信的需求。

3. 快充连接原理图

车与快充桩连接原理如图 3-23 所示，S 是充电枪常闭开关，由充电枪顶端按钮控制 S 的通断，平常是处于常接通的状态，按下按钮则 S 断开。通过快充系统结构原理图可以发现，快充系统充电并没有通过车载充电设备，动力蓄电池（电池包）正负极通过 K5、K6 直接与输入电源正负极相连，而充电机利用 CC1 与 PE 接地之间的电阻值来确认充电枪是否正确连接，车辆则通过 CC2 信号来完成。在快充系统中，所有的充电需求与信号传输都是通过 S+、S- 的 CAN 总线来完成。此外，充电桩还提供了 A+、A- 的 12V 辅助蓄电池供电电压来保证车辆低压控制单元的运行。

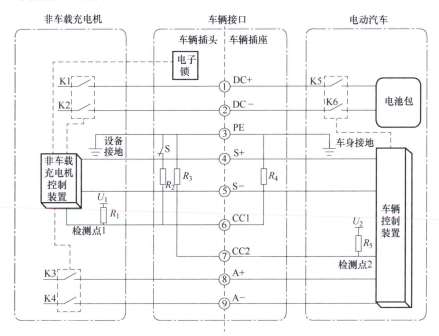

图 3-23 车与快充桩连接原理图

其中检测点 1（CC1）的电压是充电桩确认点，充电桩采集该点电压作为判断桩与车连接正确与否的依据，检测点 2（CC2）的电压是车辆确认点，车辆采集该点电压作为判断桩车连接正确与否的依据。

4. 快充系统连接流程

快充系统连接流程如图 3-24 所示。检测 CC1 和 CC2 测量电压的变化，完成充电桩和车身的连接确认。

在快充的过程中，唤醒电源由快充桩直接提供，12V 唤醒信号唤醒 VCU、仪表和数据采集器，VCU 唤醒 BMS 与 DC/DC 变换器转入快充状态。

5. 快充桩与车身通信

快充枪插入充电接口后，在完成连接确认后，充电枪与车通过 CAN 总线进行握手通信，快充枪主要是完成 BMS、车辆辨识、动力蓄电池充电参数和充电需求等信息的采集，车辆主要是完成充电机辨识、充电机最大输出能力等信息的采集，满足双方协议后，充电桩开始

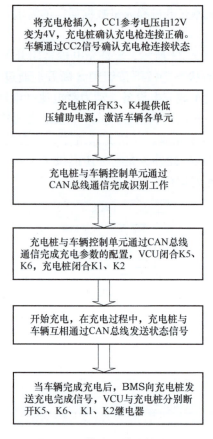

图 3-24　快充系统连接流程

输送电量，车上动力蓄电池接受充电。在充电过程中，快充枪和充电桩互相交换信息，保障充电安全，包括动力蓄电池 SOC 值、电池温度、充电电压、充电电流、绝缘状况和连接状态等参数，重要参数出现问题时，充电桩和快充枪都可以终止充电并向对方发出信息，保护动力蓄电池和整车不受损坏，保障充电过程快速和安全。

知识拓展

直流快充充电桩

快速充电桩与慢速充电桩的不同在于快速充电桩代替了车载充电机的作用。由于快充充电功率大，对应的元器件体积与价格都会加大，配备在车上会造成成本大幅上升并且整车布置困难。由于快充充电时间短，设备周转率较高，目前，快充充电桩集成了充电机的作用，直接将高压直流电源通过快充接口连接到车辆。直流快充桩如图 3-25 所示。

图 3-25　直流快充桩

Project 4

项目四

北汽新能源EV200动力蓄电池

任务一 北汽新能源 EV200 动力蓄电池的认知

1. 掌握北汽新能源 EV200 动力蓄电池的种类、参数及特点。
2. 熟知 SK 动力蓄电池的构造及特点。
3. 熟知普莱德动力蓄电池的构造及特点。

一、北汽新能源 EV200 动力蓄电池概述

1. 动力蓄电池基本参数

北汽新能源 EV200 是北京新能源汽车股份有限公司研发生产的纯电动汽车,使用的动力蓄电池主要为磷酸铁锂电池或三元聚合物锂电池(简称三元锂电池),指的是以磷酸铁锂或三元锂为正极材料的锂电池。三元聚合物材料指的是 Ni、Co、Mn 或 Ni、Co、Al 三种金属元素为核心元素的正极材料。其中北汽新能源 EV200 采用三元锂电池作为其动力蓄电池,主要采用 SK 型号,北汽新能源 EV160 采用普莱德电池,两种动力蓄电池具体参数见表 4-1。

表 4-1 北汽新能源 EV200/160 动力蓄电池参数

项目	SK-30.4kW·h	PPST-25.6kW·h
零部件号	E00008302	E00008417
额定电压/V	332	320
电芯容量/A·h	91.5	80
额定能量/kW·h	30.4	25.6
连接方式	3P91S	1P100S
电池系统供应商	BESK	PPST
电芯供应商	SKI	ATL
BMS 供应商	SK innovation	E-power
总质量/kg	291	295
总体积/L	240	240
工作电压范围/V	250~382	250~365
能量密度/(W·h/kg)	104	86
体积比能量/(W·h/L)	127	107

2. 动力蓄电池内部结构组成

动力蓄电池主要由动力蓄电池箱、动力蓄电池模块、BMS、电池控制器 PRA、维修开关（检修开关）及其他辅助装置等组成，如图 4-1 所示。

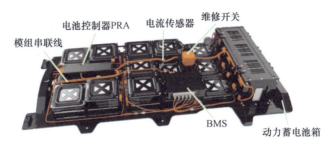

图 4-1　动力蓄电池内部结构

3. 维修开关

为保证维修作业人员的人身安全，北汽新能源 EV200 在动力蓄电池系统中设置维修开关，属于物理性电路开关，安装在动力蓄电池系统的中间位置，其主要功能是在电动汽车维修作业时，将动力蓄电池系统 340V 左右的电压分成大体相等的两部分，每部分约 170V 左右。其主要结构为快速熔断器，当电流超过规定值时，以本身产生的热量使熔体熔断，断开电路，保证维修作业人员的人身安全和车辆使用安全。

维修开关拆卸方法

北汽新能源 EV200 维修开关安装在后排座椅地垫下面中间位置。维修开关顶部标注"小心触电""有电危险""请根据使用说明书操作"标识。维修开关设置二级锁止机构，需依次解除锁扣拔下维修开关，禁止越级徒手或强行蛮力拆卸。维修开关如图 4-2 所示。

图 4-2　维修开关

北汽新能源 EV200 维修开关内部安装巴斯曼生产制造的快速熔断器，其电流额定值为 250A，具体参数见表 4-2。

表 4-2　北汽新能源 EV200 维修开关产品参数

参 数 类 型	参　　数	参 数 类 型	参　　数
电流额定值/A	250	电压额定值/V	690
安装风格	螺钉拧紧	端接类型	螺纹
插座类型	快速熔断器	商标	Bussmann

4. 高低压互锁

动力蓄电池通过两个插件与外界连接，如图 4-3 所示。高压母线插件如图 4-4 所示。

图 4-3 动力蓄电池插件

图 4-4 高压母线插件

动力蓄电池系统
互锁线路介绍

> **注意**
> 为保证作业时人身安全，插接件解锁时务必先解锁低压插件，再解锁高压插件。

高压电缆端设置三级锁止机构，如图 4-5 所示。将蓝色锁销（一级）轻轻向后拉出，待锁销与底部橘黄色外壳接触即解除第一道锁。侧向按压刻有"PRESS"标识的锁扣，同时两侧均匀用力向外推出插接件灰色壳体，待蓝色锁销与灰色壳体外侧凹槽完全贴合即解除第二道锁。向上轻轻顶起插接件底部锁扣解除第三道锁，两侧轻微晃动向外拔出插接件即可。安装时以倒序进行，注意三级锁止机构依次插拔，越级强行插拔将导致插接件锁止机构失效。

三级锁止机构拔出第一步　　三级锁止机构拔出第二、三步

三级锁止机构插入第一步　　三级锁止机构插入第二步

图 4-5 三级锁止机构插拔步骤

二、SK 动力蓄电池的特点

SK 动力蓄电池，是北汽新能源 EV200 主要采用的动力蓄电池品牌之一，其型号为 C33DB，电池包容量 30.4kW·h，重 291kg，总体积 240L，如图 4-6 所示。电芯是镍钴锰（NCM）三元锂电池，容量 30.5A·h，电芯宽度 210mm，高度 195mm，厚度仅为 7.6mm，体积非常小，单体能量密度可达 184W·h/kg。电芯电压范围 3.0～4.15V，额定电压 3.65V。

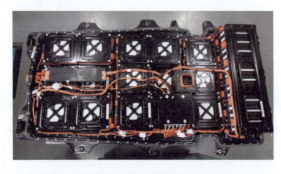

图 4-6 SK 动力蓄电池

动力蓄电池放置在一个密封并且屏蔽的动力蓄电池箱里面,采用3P91S的方式组合,就是3块电芯并联后组成蓄电池电芯组,91个蓄电池电芯组串联组成蓄电池模块,蓄电池模块之间采用高压母排连接,这种方式方便、整齐、安全。通过高压线束与安装在前部的动力蓄电池控制器相连,最终通往动力蓄电池外部接口,蓄电池模块与BMS等组成动力蓄电池总成。内部共有电芯273块,3块单体电芯并联的电池电芯组容量为91.5A·h,串联后电压为273~377V,额定电压为332V,总电量为332V×91.5A·h=30.4kW·h。能量密度为104W·h/kg,体积能量比127W·h/L。续驶里程达200km。SK动力蓄电池模块布置如图4-7所示。

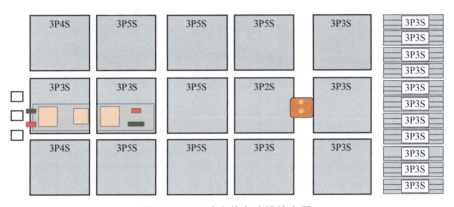

图4-7 SK动力蓄电池模块布置

3个软包三元锂离子电芯并联,3个正极极耳激光焊接在一起,3个负极极耳激光焊接在一起,外部加上封框、保护板和电极螺栓,组成一个蓄电池电芯组,如图4-8所示。

动力蓄电池主要由电芯、主保险、总正接触器、总负接触器、预充继电器、预充电电阻、电流传感器、BMS、高压接口和低压接口等部件组成。

图4-8 电芯组

1. SK动力蓄电池控制单元

SK动力蓄电池管理单元(BMS)主要功能:
1)与外部通信(VCU、充电机、快充桩)。
2)控制总负接触器。
3)检测内、外部总电压。
4)检测充、放电电流。
5)监测电芯电压和电芯温度。
6)保护动力蓄电池寿命和安全。
7)控制预充继电器。

> **注释**
> 总正接触器由VCU控制。

2. SK 动力蓄电池控制器（PRA）

SK 动力蓄电池控制器结构如图 4-9 所示，主要由总正接触器、总负接触器、预充继电器、预充电阻、内部电压检测点及外部电压检测点组成。

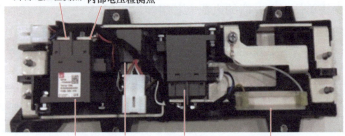

图 4-9　SK 动力蓄电池控制器

3. 电压、温度采集板（PCB）

电压、温度采集板压装在模组上，用于采集电芯电压和电芯温度，如图 4-10 所示，把采集到的数据传输给 BMS。

4. 动力蓄电池模块

北汽新能源 EV200 动力蓄电池内部主要电路结构如图 4-11 所示。动力蓄电池模块后部装有维修开关，必要时可切断动力蓄电池对外的输出。BMS 采用集中式，即采集、主控、绝缘检测等均集成在 BMS 内部。

图 4-10　电压、温度采集板

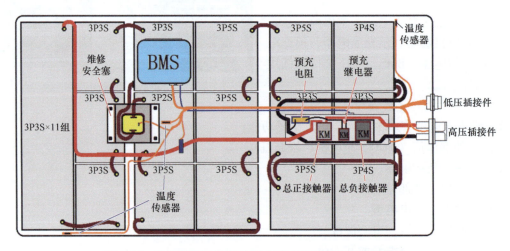

图 4-11　北汽新能源 EV200 动力蓄电池内部主要电路结构

5. 北汽新能源 EV200 动力蓄电池的特点

1）北汽新能源 EV200 除了交流慢充还支持直流快充，慢充采用家用交流 220V，充电功率为 3.3kW，需要用 16A 以上插座才能满足充电电流要求，一般需要 8~9h 充满动力蓄电池。快充采用专用充电桩（也称直流快充桩），专用充电桩把动力电源（交流380V）转换成直流电，充电最大功率可达50kW，一般在0.5h能够充满80%的电量，1h基本能充满，因为专用充电桩需要将交流电转化为直流电，因此充电电流大，充电枪电缆很粗，快充桩体积较大。因为快充桩输出功率大，所以快充桩的供电电源线需要安装专线。

2）符合绝缘安全要求，动力蓄电池的正极或负极与金属外壳之间的绝缘电阻应大于40MΩ。

3）符合防护要求，电动汽车需要适应各种路况，对动力蓄电池而言，必须满足雨天的涉水要求，所以动力蓄电池需要严密防水、防尘，防护等级达IP67，防止灰尘、雨水进入，动力蓄电池箱、插接件能承受短时间浸水而不发生内部漏水、渗水。

知识拓展

普莱德动力蓄电池

普莱德动力蓄电池如图4-12所示，内部共有电芯100块，电芯连接方式为1P100S，即由100个电芯串联而成。单个电芯容量为80A·h，串联后电压为250~365V，额定电压为320V，总电量为320V×80A·h=25.6kW·h。能量密度为86W·h/kg，体积能量比为107W·h/L。续驶里程达200km。

图4-12 普莱德动力蓄电池

普莱德动力蓄电池结构如图4-13所示，主要由动力蓄电池模块、动力蓄电池箱、电池电压采集盒、主控盒、总正接触器、总负接触器和预充电电阻等组成。

与SK动力蓄电池不同，普莱德动力蓄电池BMS采用分散式，即由从控盒、高压绝缘盒、主控盒保障动力蓄电池正常工作。正极继电器称为总正接触器，负极继电器称为总负接触器。

1. 从控盒（电芯电压及温度采集）

动力蓄电池的从控盒是为了电池管理需要设置的有某些功能的检测单元，检测信号传输给主控盒，这里的普莱德电池管理系统中，从控盒是检测电芯电压及温度的检测单元，主控盒相当于BMS的主控单元，收集从控盒传来的信号，处理并发指令给各接触器和继电器控制动力蓄电池的正常工作。从控盒的外形如图4-14所示，主要功能如下：

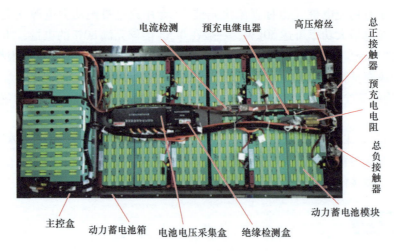

图 4-13　普莱德动力蓄电池构造

1）监控每个电芯电压。对各个电池串（并联模块或单独大电芯）的电压巡检采集、计算与处理；找出最高电压电芯和最低电压电芯；计算电芯电压最高值与单体电芯电压最低值的差值应小于 0.3V；充电时有一节电芯电压达到充电截止电压，BMS 立即停止充电；放电时有一节电芯电压降到放电截止电压，BMS 立即停止放电；动力蓄电池内电芯电压差必须小于 300mV，如监测到电芯电压差大于 300mV，BMS 发信息给

图 4-14　从控盒（电芯电压及温度采集）

VCU，降低动力蓄电池输出功率。如果监测到电压差大于 500mV，BMS 关闭动力蓄电池总正、总负接触器，切断高压电源的输出，并向仪表点亮动力蓄电池警告灯。

2）监控每个蓄电池电芯组的温度。
3）监测电量（SOC）值。
4）将以上功能中监控到的数据反馈给主控盒。

高级一些的控制盒还可控制各个蓄电池电芯组电压的均衡。

2. 高压绝缘盒

高压绝缘盒"监控"动力蓄电池的总电压和绝缘性能，外形如图 4-15，主要功能如下：

1）监控动力蓄电池的总电压（继电器内外 4 个监测点）。
2）检测高压系统绝缘性能。
3）监控高压连接情况（继电器触点闭合状态检查）。
4）将以上功能中监控到的数据反馈给主控盒。

3. 主控盒

主控盒是一个连接外部通信和内部通信的平台，外形如图 4-16 所示。主要功能如下：

1）接收 BMS 反馈的实时温度和单体电压（并计算最大值和最小值）。

项目四　北汽新能源 EV200 动力蓄电池

图 4-15　高压绝缘盒

图 4-16　主控盒

2）接收高压绝缘盒反馈的总电压和电流情况。
3）与 VCU 的通信。
4）与充电机或快充桩通信。
5）控制总正接触器、总负接触器的通断。
6）控制动力蓄电池的加热。
7）唤醒应答。
8）控制充放电电流。

任务二　北汽新能源 EV200 动力蓄电池的工作原理

学习目标

1. 掌握动力蓄电池系统的工作原理。
2. 掌握整车上下电机制。
3. 熟知高压互锁基础知识。
4. 熟知动力蓄电池对外上下电控制原理。
5. 掌握高压绝缘监测方法。

知识储备

一、动力蓄电池系统的工作原理

动力蓄电池的功能为接收和储存由车载充电机、制动能量回收装置和外置充电装置提供的高压直流电，并为驱动电机控制器、DC/DC 变换器、电动空调和 PTC 等高压元件提供高压直流电。

动力蓄电池模组放置在一个密封并且屏蔽的动力蓄电池箱里面，动力蓄电池内部使用可靠的高压插接件与高压控制盒相连，输出的高压直流电由 MCU 转变为三相高压电，从而驱动电机工作；系统内的 BMS 实时采集各电芯的电压、各温度传感器的温度值、系统的总电压和总电流等数据，时时监控动力蓄电池的工作状态，并通过 CAN 总线与 VCU、充电机之间进行通信，对动力蓄电池充放电等进行综合管理。动力蓄电池系统工作原理简图如图 4-17 所示。

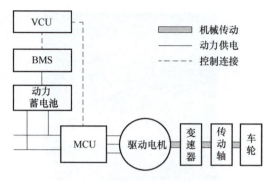

图 4-17 动力蓄电池系统工作原理

二、整车上下电机制

1. 整车上下电 State 状态机制简介

整车上下电流程通过运行 State 机制来体现，即整车上下电时序服从 State 机制约束，VCU、MCU、BMS、PTC、EAS、ECC、DC/DC 变换器等相关控制器根据 State 机制约束在不同 State 状态时执行规定动作，并将各自系统状态通过 EV BUS 上报 VCU，VCU 根据各控制器状态引导整车上下电过程。

2. State 状态解析

State 状态解析如图 4-18～图 4-25 所示。

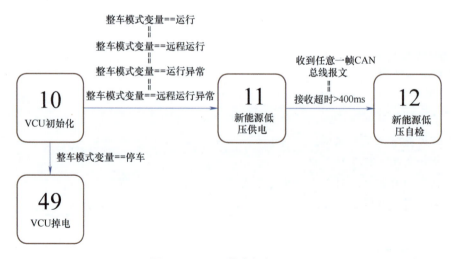

图 4-18 State 状态解析（一）

1）State10：VCU 完成初始化和自检。

2）State11：VCU 闭合 INV 及空调系统继电器，给 VCU 供电，唤醒 BMS。

3）State12：BMS 完成初始化和自检，完成动力蓄电池高压分步检测 Part1 后，自检计

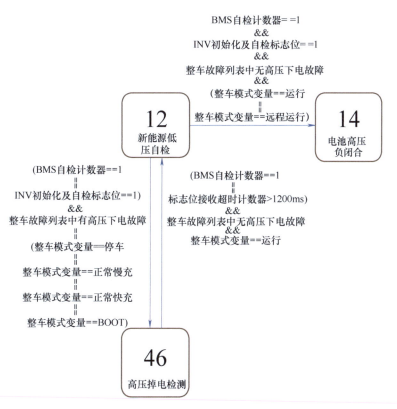

图 4-19 State 状态解析（二）

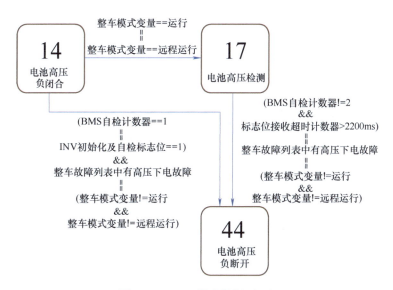

图 4-20 State 状态解析（三）

数器由"0"置为"1"并发给 VCU。INV 完成初始化和自检，置"初始化和自检完成"标志位"1"并发给 VCU。

4）State14：VCU 闭合动力蓄电池总负接触器。

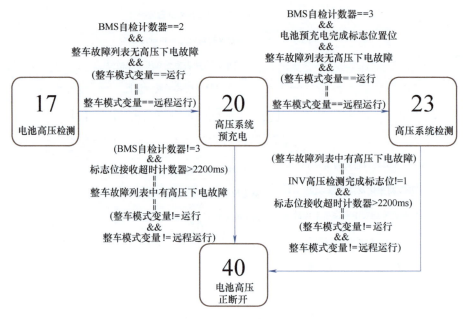

图 4-21 State 状态解析（四）

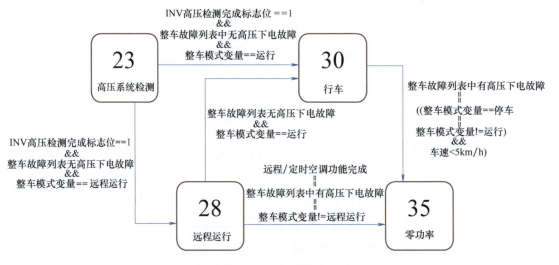

图 4-22 State 状态解析（五）

5) State46：各高压控制器检测高压，零功率输出。

6) State17：BMS 完成动力蓄电池高压分步检测 Part2，自检计数器置"2"并发给 VCU。

7) State44：VCU 断开动力蓄电池总负接触器，各高压控制器检测高压，零功率输出。

8) State20：BMS 完成预充电并闭合动力蓄电池总正接触器，完成电池高压分步检测 Part3，自检计数器置"3"并发给 VCU。

9) State23：INV、ECC、HVAC 及 HTC 高压系统检测，置"高压检测完成"标志位并发给 VCU，该状态下开始判断高压故障。

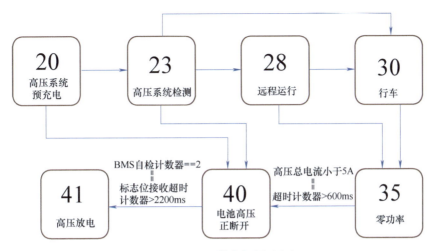

图 4-23　State 状态解析（六）

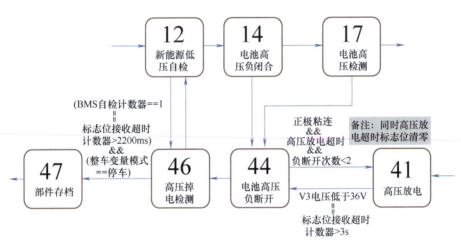

图 4-24　State 状态解析（七）

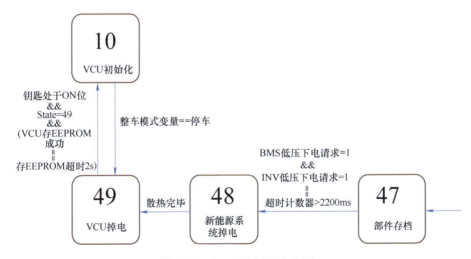

图 4-25　State 状态解析（八）

10）State40：BMS 断开动力蓄电池总正接触器，自检计数器置"2"并发给 VCU；各高压电器检测高压，不判断故障，零功率输出。

11）State28：VCU 远程空调系统控制，电机系统不使能，远程 DC/DC 控制；RMS 唤醒或终止唤醒 VCU，远程空调系统或 DC/DC 计时。

12）State30：

① VCU：电机功率控制，DC/DC 控制，空调系统控制。

② INV、HVAC、PTC：输出功率控制。

③ ECC：检测面板信号，调节风速、混合风门位置。

13）State35：

① VCU：DC/DC、空调不使能。

② INV、HVAC、PTC：高压检测，零功率输出。

③ ECC：检测面板信号，调节风速、混合风门位置。

14）State41：BMS 进行总正接触器粘连检测；各高压电器零功率输出，进行高压回路放电；INV 检测高压回路电压低于 36V，则说明高压回路放电完成，总正接触器触点没有粘连，表示高压放电系统正常，置"放电完成"标志位并发给 VCU。

15）State46：BMS 进行电池总负接触器粘连检测、电池绝缘检测，BMS 自检计数器置"1"并发给 VCU。

16）State47：BMS 及各高压电器写 EEPROM，BMS 自检计数器置"0"发给 VCU，INV 发写 EEPROM 完成标志位。

17）State48：VCU 依次给 BMS、INV、HVAC、PTC 掉电，散热系统延时掉电。

18）State49：VCU 写 EEPROM，掉电。

三、高压互锁功能

1）整车在高压上电前确保整个高压系统的完整性，使高压处于一个封闭的环境下工作，提高安全性。

2）当整车在运行过程中高压系统回路断开或者完整性受到破坏的时候，需要启动安全防护。

3）防止带电插拔高压插接件给高压端子造成的拉弧损坏。

北汽新能源 EV200 在整车高压部件处均设有高压互锁，具体如图 4-26 所示。

互锁电路的作用是检测高压线束的连接情况，当某个高压插件未插到位时，互锁电路断路并切断高压电源，如图 4-27 所示。

四、北汽新能源 EV200 动力蓄电池高压系统的工作原理

北汽新能源 EV200 动力蓄电池高压系统的工作原理如图 4-28 所示。

1）主控盒与从控盒通信：电池包内部 CAN 通信。

2）主控盒与 VCU 通信：整车 CAN 通信。

3）BMS 的低压供电：辅助蓄电池常电和 VCU 使能。

4）动力蓄电池高压部分主要有高压电缆、紧急开关（维修开关）、总正接触器、总负接触器、电流传感器、电压传感器、加热接触器、加热元件和绝缘检测电路等。电流传感

项目四 北汽新能源 EV200 动力蓄电池

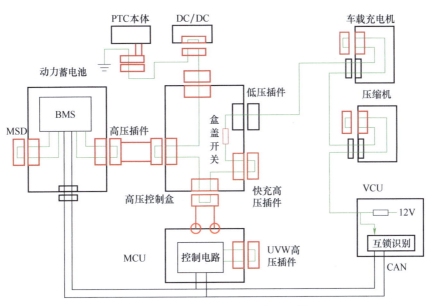

图 4-26 北汽新能源 EV200 高压互锁图

图 4-27 互锁电路连接图

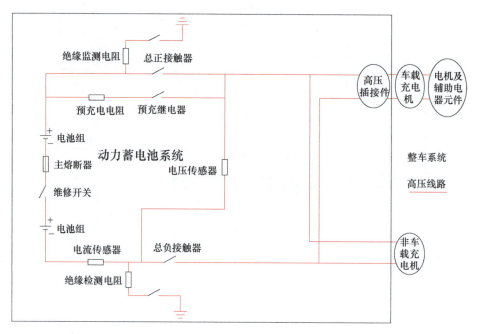

图 4-28　北汽新能源 EV200 动力蓄电池高压系统工作原理图

器、电压传感器、绝缘检测电路检测数据给 BMS。

动力蓄电池高压电路控制的关键在于接通或切断高压电路的输出，也就是对总正、总负接触器的控制，这是通过控制总正接触器和总负接触器的通断来实现。绝缘监测电路通过绝缘监测电阻组成的电桥通过 BMS 时刻监测绝缘状况，如果绝缘阻值下降，BMS 切断总正接触器和总负接触器，防止产生漏电意外，同时通过仪表报警。维修开关安装在动力蓄电池的中间位置，在维修高压电路前，先断开维修开关，切断高压电路，保障维修人员的安全。

北汽新能源 EV200 还装有电池加热装置，慢充电时，在气温低于 0℃ 时闭合加热继电器，开启加热元件，至 5℃ 时断开加热继电器；快充电时，电池温度低于 5℃ 开启加热元件。

接通上电时（即车钥匙置于 ON 位），BMS 先控制接通总负接触器，再接通预充继电器，等预充后电压接近总电压，BMS 再控制接通总正接触器，这个过程往往需要几秒钟时间。下电时（即车钥匙从 ON 位回至 OFF 位），BMS 先控制切断总正接触器，然后再切断总负接触器。下电后，MCU 通过电机线圈对高压电路释放剩余电量，防止电容储存的残余的高压造成触电事故。

1. 整车预充原理

（1）预充继电器与电阻　预充继电器和预充电阻形状与位置如图 4-29 所示。

1）"预充流程"在放电和充电初期，闭合预充继电器进行预充电，预充完成后断

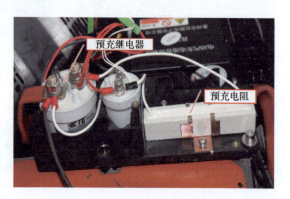

图 4-29　预充继电器和预充电阻

开预充继电器。

2）BMS 控制预充继电器闭合或断开。

3）上电模式初期用高压、小电流给各控制器电容充电。

4）电容两端电压接近电池总电压时（差值小于 5%），认为预充结束，闭合总正接触器。

5）充电模式初期，给各电芯进行预充电，确定电芯无短路后闭合总正接触器。

当车辆冷起动时，负载电容上无负荷或只有很低的残留电压，动力蓄电池和负载电容间的电压差在 300V 以上，如果回路没有预充电阻，接通电路的瞬间会产生大电流，电路电流过大，导致总正、总负接触器触点烧蚀损坏，瞬间的大电流易造成电子部件的损坏。

（2）高压充放电控制电路原理　北汽新能源 EV200 高压预充原理如图 4-30 所示。

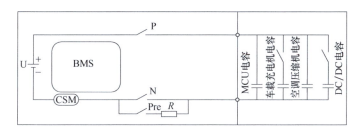

图 4-30　北汽新能源 EV200 高压预充原理图

如图 4-30 所示，左侧为动力蓄电池包，右侧为负载侧电容 A、B、C、D，U 为动力蓄电池，P 为总正接触器，N 为总负接触器，Pre 为预充继电器，R 为预充电阻。

为了提高电路大电流的供电能力，在整车高压器件前端都并联较大的电容，以满足高压器件工作时大电流的需求。在冷态起动时，电容上无电荷或只有很低的残留电压，如果无提前预充电，车上电的瞬间，总正、总负接触器 P、N 直接与电容接通，此时总电压有 300V 以上高压，而负载电容上电压接近 0，相当于瞬间短路，负载电阻仅仅是导线和继电器触点的电阻，一般远小于 20MΩ。根据欧姆定律，回路电阻按 20MΩ 计算，动力蓄电池和负载侧电容之间电压差按 300V 计算，瞬间电流 $I = 300/0.02 = 15000$（A），导致接触器 P、N 损坏。

加入预充电电路，上电时接触器 P 接通、N 断开，让阻抗较大的 Pre 和 R 构成的预充电回路先接通，R 阻值一般在 100~200Ω，流入预充电回路进入电容的最大电流 $I = 300/200 = 1.5$（A），预充回路安全，等电容电压达到电路总电压的 95% 以上，闭合接触器 N，完成预充电。

（3）动力蓄电池继电器盒控制原理　总负接触器和预充继电器并联，控制插头有 6 个有效针脚，负责 3 个继电器的低压供电控制，检测插头有 4 个有效针脚，负责 3 个继电器工作状态的信息采集。

北汽新能源 EV200 动力蓄电池继电器盒内部结构电路图如图 4-31 所示，控制流程如图 4-32 所示。

2. 动力蓄电池对外上下电控制

1）起动钥匙置 OFF 位，辅助蓄电池常电对各个控制器维持供电。

2）起动钥匙置 ON 位，12V 低压辅助蓄电池的 15 号线对 VCU、MCU、BMS、DC/DC 变

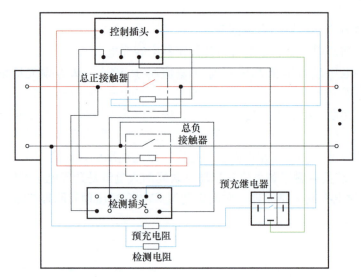

图 4-31　北汽新能源 EV200 动力蓄电池继电器盒内部结构电路图

换器、空调控制器等供电，各个控制器唤醒，各控制器进行初始化和自检，没有问题分别上报 VCU。

3）VCU 闭合动力蓄电池总负接触器，BMS 闭合预充继电器。动力蓄电池通过预充继电器和预充电阻对车辆负载端的电容充电，BMS 检测到预充电压达到 95% 的动力蓄电池电压时，闭合总正接触器。

4）总正接触器闭合 10ms 后，断开预充继电器。

5）此时仪表上 READY 灯点亮。

3. 充电控制

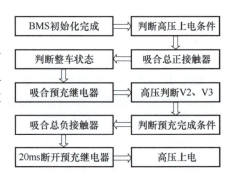

图 4-32　高压上电控制流程

动力蓄电池系统充电分为快充电、慢充电和制动能量回收三种方式。

车辆充电前处于停车状态，车钥匙置 OFF 位，动力蓄电池总正接触器、总负接触器、预充继电器断开，VCU、BMS、DC/DC 变换器和仪表系统处于休眠状态。

（1）交流慢充电　慢充电是指使用交流 220V 单相电，借助车载充电机，通过整流和升压，将交流电变换为高压直流电给动力蓄电池进行充电。

当车载充电机与 220V 交流电源正常连接时，车载充电机通过 12V 慢充唤醒电压唤醒 VCU，VCU 唤醒仪表系统、BMS 和 DC/DC 变换器等；BMS 自检合格后，闭合总正、总负接触器，根据动力蓄电池荷电状况向车载充电机发出充电请求——需求充电电压和充电电流；车载充电机依照请求的电压和电流为动力蓄电池充电，同时也通过 DC/DC 变换器向 12V 辅助蓄电池充电。

随着充入动力蓄电池的电量增加、电压升高，BMS 随时调整充电参数向充电机发送充电请求数据，车载充电机相应调整电压和电流，直至充电结束，车载充电和切断充电电流，BMS 断开动力蓄电池总正、总负接触器，充电完成。

动力蓄电池慢充状态说明：

1）充电时采用慢充（即车载充电）方式为宜。

2）电芯的温度范围在 0~55℃才可以充电，当有温度点高于 55℃或低于 0℃时，BMS 将自动切断充电回路，此时将无法充电。

3）充电前检测箱体内部温度，若有低于 0℃的温度点，启动加热模式：闭合加热继电器，进行加热内循环，待所有电芯温度点高于 5℃时，停止加热；启动充电程序，充电过程中出现加热片温度差高于 20℃时，则间歇停止加热，待加热片温度差低于 15℃后重启加热片。

4）加热过程中，正常情况下充电桩电流显示为 4~6A。

5）充电过程中充电桩电流显示为 12~13A。

6）如果电芯电压差大于 300mV，则停止充电，报充电故障。

（2）直流快充电　快充桩对市电进行整流、升压和功率变换后，通过快充枪将 380V 三相交流电转变为高压大电流通过高压母线直接给动力蓄电池进行充电，充电电流不需要通过车载充电机。

快充电时，快充桩线束与车辆快充口连接成功后，快充桩内 12V 电压信号通过充电枪唤醒 VCU，VCU 唤醒仪表系统、BMS 和 DC/DC 变换器；VCU 控制接通高压盒内快充正负继电器；BMS 自检合格后，闭合总正、总负接触器并根据荷电状况向快充桩发出充电请求——需求充电电压和充电电流；快充桩依照请求的电压和电流为动力蓄电池充电，同时也通过 DC/DC 变换器向辅助蓄电池充电。

随着动力蓄电池充入的电量增加、电压升高，BMS 随时调整充电参数向充电桩发送充电请求数据，快充桩相应调整电压和电流，直至充电结束，快充桩切断充电电池。BMS 断开动力蓄电池总正、总负接触器，完成充电。

动力蓄电池快充状态说明：

1）电芯的温度范围在 5~55℃才可以充电，当有温度点高于 55℃或低于 5℃时，BMS 将自动切断充电回路，此时将无法充电。

2）充电前检测箱体内部温度，若有≤5℃的温度点，启动加热模式：闭合加热继电器，进行加热内循环，待所有温度点≥5℃后停止加热，启动充电程序，该过程中出现加热片温度差≥25℃，则间歇停止加热，待加热片温度差≤15℃后重启加热片。

3）如果充电过程中最高温度≤5℃，则停止充电模式，也不启动加热模式。

4）快充中，电流显示值为 13.2~46.2A，快充充电的电流受动力蓄电池内部温度影响而变化。

充电原理简图如图 4-33 所示。

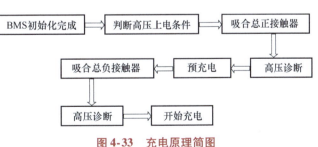

图 4-33　充电原理简图

（3）动力蓄电池能量回收
北汽新能源 EV200 还具备制动能量回收功能。

1）动力蓄电池可接受最大回馈电压要求：动力蓄电池可以承受由电机产生的最大 365V 的感应电动势。

2）动力蓄电池可接受回馈电流 SOC 范围要求：动力蓄电池可以接受回馈电流的 SOC 范

围为 0 ~ 90%。

3) 动力蓄电池制动能量回收要求：可以接受的脉冲回馈电流和持续时间见表4-3。

表 4-3 动力蓄电池可以接受的脉冲回馈电流和持续时间

温度/℃	$T<0$	$0 \leq T<10$	$10 \leq T<45$	$45 \leq T<55$	$T \geq 55$
电流/A	0	40	120	40	0
持续时间/s	0	15	15	15	0

不同温度下，动力蓄电池可以接受的最大持续回馈电流见表4-4。

表 4-4 动力蓄电池可以接受的最大持续回馈电流

温度/℃	$T<0$	$0 \leq T<10$	$10 \leq T<45$	$45 \leq T<55$	$T \geq 55$
电流/A	0	10	80	24	0

(4) 充电过程仪表显示　汽车在充电状态下，按下里程复位按键可以唤醒液晶屏，显示充电界面。液晶屏点亮10s后会自动熄灭，按下里程复位键可以再次点亮屏幕。充电界面会显示动力蓄电池充电状态，包括当前电量、电流、快慢充状态及加热状态信息。当充电完成之后，电量表会持续点亮，并发出5s的鸣叫提示，充电过程中仪表显示如图4-34所示。

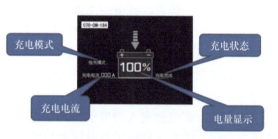

图 4-34　充电过程中仪表显示

五、高压绝缘检测原理

纯电动汽车高压系统部件框图如图4-35所示。为解决纯电动汽车所面临的高压电绝缘安全问题，确保电动汽车的高压电用电安全，我国相关行业标准已对电动汽车的高压电回路设计和检测提出了明确的要求，并给出较为详细的实验检测规程。

北汽新能源 EV200 SK 动力蓄电池 BMS 内部集成绝缘检测电路。在电动汽车的高压电气系统中，利用电源的正极引线电缆和负极引线电缆对底盘的绝缘电阻来反映电气系统的绝缘性能。

为检测动力蓄电池内部总正、总负与底盘的绝缘电阻，直接将车载高压电源作为检测电源，在电源正极、负极和车辆底盘之间建立桥式阻抗网络，如图4-36所示。其中绝缘监测电路 A 点与电源正极相连，B 点与电源负极相连，O 点与车辆底盘相连。

U_0 为高压电源的输出电压，I 为绝缘检测电路内部电流。R_{g1}、R_{g2} 分别为高压正、负极引线对底盘的绝缘电阻（可以想象成一个实体电阻），其阻值根据正负母线对地（电池包壳体对车身搭铁）绝缘状况可能是变化的；母线对车身地绝缘良好，R_g 阻值无穷大，母线绝缘层损坏，R_g 阻值会变小。限流电阻 R 有两个，阻值非常大，有的电动汽车 $R=20 \mathrm{k}\Omega$。

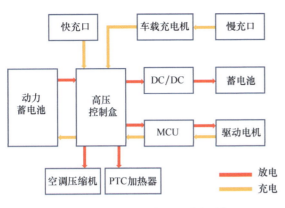

图 4-35 纯电动汽车高压系统部件框图　　图 4-36 电气绝缘监测原理（一）

VT_1、VT_2 为电子控制开关管，由 BMS 内部控制电路控制其导通与关断，改变点 A 和点 B 之间的等效电阻和电源的输出电流 I。

根据 U_0、I 和等效电阻之间的关系，可以计算出 R_{g1} 和 R_{g2}。相对电压 U_0 而言，开关管 VT_1 和 VT_2 的导通电压很小，可以忽略不计。

在电动汽车运行过程中，电压 U_0 随着电量变化而变化，其数值要和电流 I 同时采集。当 VT_1 导通、VT_2 关断时，桥式阻抗网络的等效形式为 R_{g1} 与 R 并联后与 R_{g2} 串联，这时，电源电压为 U_{01}、电流为 I_1，如图 4-37 所示，可得

$$U_{01} = I_1 \left(R_{g2} + \frac{R_{g1}R}{R_{g1}+R} \right) \tag{4-1}$$

当 VT_2 导通、VT_1 关断时，桥式阻抗网络的等效形式为 R_{g2} 与 R 并联后与 R_{g1} 串联，这时，电源电压为 U_{02}、电流为 I_2，如图 4-38 所示，可得

$$U_{02} = I_2 \left(R_{g1} + \frac{R_{g2}R}{R_{g2}+R} \right) \tag{4-2}$$

当高压电源正、负极引线对底盘绝缘性能较好，满足 $R_{g1} > 10R$、$R_{g2} > 10R$ 时，可以做以下近似处理

$$\frac{R_{g1}R}{R_{g1}+R} \approx R \tag{4-3}$$

$$\frac{R_{g2}R}{R_{g2}+R} \approx R \tag{4-4}$$

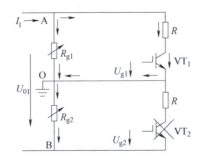 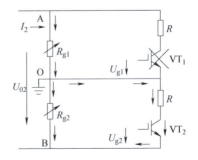

图 4-37 电气绝缘监测原理（二）　　图 4-38 电气绝缘监测原理（三）

由式（4-1）~式（4-4）得到

$$R_{g1} = \frac{U_{02}}{I_2 - R} \tag{4-5}$$

$$R_{g2} = \frac{U_{01}}{I_1 - R} \tag{4-6}$$

如果 VT_1 和 VT_2 同时关断时，电流 I 大于 2mA，说明绝缘电阻 R_{g1}、R_{g2} 之和小于 250kΩ，电源的正、负极引线电缆对底盘的绝缘性能都不好，检测系统不再单独检测 R_{g1} 和 R_{g2}，立即发出报警信号。

北汽新能源 EV200 动力蓄电池绝缘监测回路原理如图 4-39 所示。

动力蓄电池系统的绝缘值分为正极与外壳的绝缘值和负极与外壳的绝缘值。

（1）测量方法　在总正、总负接触器断开条件下，采用绝缘电阻表测量总正对地绝缘阻值及总负对地绝缘阻值，如图 4-40 所示。

（2）判定标准　电源正极对地绝缘阻值及电源负极对地绝缘阻值均大于等于 40MΩ 为合格，小于 40MΩ 为不合格。

图 4-39　北汽新能源 EV200 动力蓄电池绝缘监测回路原理　　图 4-40　绝缘检测

任务二　动力蓄电池的使用与维护

 学习目标

1. 熟知动力蓄电池的维护项目和方法。
2. 了解动力蓄电池相关要求。

一、动力蓄电池的退化、质保与维护

1. 动力蓄电池的退化

动力蓄电池是电动汽车的核心部件，是纯电动汽车驱动能量的唯一来源，直接关系到电动汽车的动力性能、续驶里程和安全性能。如果动力蓄电池坏了，维修成本不亚于燃油汽车换一台发动机。对于动力蓄电池的寿命，各大电动汽车厂家均表示使用的动力蓄电池并不会有快速衰退的问题，也制订了相应的保修政策。一般情况下，随着电动汽车使用时间的增加，其动力蓄电池容量会逐渐衰减，如果动力蓄电池容量衰减超过20%，需要对动力蓄电池进行维修或更换。

2. 动力蓄电池的质保

汽车生产企业对动力蓄电池的可靠性要求十分严格。在美国、日本，混合动力汽车是主流新能源车型，这些国家法规要求，混合动力汽车的核心零部件质保期是10万mile，在美国加利福尼亚州要求更加严格，质保期达到15万mile。我国新能源汽车的质保期虽然比燃油车更长，但与国际通常的质保期还存在不小的差距。表4-5列出了2016年国产新能源汽车整车和关键零部件质保条款。

表4-5 2016年国产新能源汽车整车和关键零部件质保条款

汽车制造商	车型	整车质保	电池质保
特斯拉	MODEL S	4年或8万km	8年不限km
宝马	i3	3年或10万km	8年或10万km
比亚迪	腾势	3年或8万km	6年或15万km
东风日产	晨风	5年或10万km	5年或10万km
北汽新能源	EV200	3年或12万km	8年或15万km
江淮汽车	Iev5和Iev4	—	8年或15万km
长安汽车	逸动EV	3年或6万km	5年或10万km

3. 动力蓄电池的维护

动力蓄电池好比油箱，都是提供汽车动力的能源，日常正确的维护才能保障动力蓄电池的持久耐用。

动力蓄电池在存放时严禁处于亏电状态。亏电状态是指动力蓄电池使用后没有及时充电。在亏电状态下存放动力蓄电池，很容易造成后续充电不足，电池容量下降等现象。亏电状态闲置时间越长，动力蓄电池损坏越重。因此，动力蓄电池闲置不用时，应每月补充电一次，这样能较好地保持动力蓄电池的健康状态。

在使用过程中，如果电动汽车的续驶里程在短时间内突然下降，则很有可能是动力蓄电池内部至少有一块电芯出现断格、隔膜破损、电解质变质等故障现象。此时，应及时到专业维修店进行动力蓄电池的检查、修复或配组。

动力蓄电池的维护作业是为了保证其性能的可靠性而进行的工作，通常分为日常的常规维护和周期性的强制维护。

（1）动力蓄电池的常规维护作业项目（不需要拆卸动力蓄电池，也无须开盖检查）

1）检查动力蓄电池外观。将车辆举升，目测动力蓄电池底部有无磕碰、划伤、损坏的现象，动力蓄电池标识是否脱落。

> **提示**
> 如发现以上情况应及时予以修理或更换。

2）目测密封条及进排气孔，进行动力蓄电池箱的密封检查。

3）目测动力蓄电池高低压插接件是否有变形、松脱、过热、损坏的情况。

4）定期对动力蓄电池满充、满放一次，之后使用专用检测仪对动力蓄电池电芯一致性进行测试。

> **提示**
> 如发现以上情况应及时予以修理或更换。

5）检查 BMS、绝缘电阻、插接件与紧固件的情况。使用专用检测仪器对动力蓄电池 BMS 和绝缘电阻进行测试。目测动力蓄电池高低压插接件变形、松脱、过热、损坏的情况。

> **提示**
> 如发现以上情况应及时予以修理或更换。

6）固定螺栓力矩的检测。螺栓标准力矩：95~105N·m。

（2）动力蓄电池系统周期性强制维护项目（需要拆卸动力蓄电池，也需开盖检查）动力蓄电池系统周期性强制维护项目见表4-6。

表4-6　动力蓄电池系统周期性强制维护项目

项　目	目　的	方　法	工　具
绝缘检查（内部）	防止动力蓄电池内部电路短路	打开动力蓄电池，断开BMS插头，用绝缘表1000V档测试总正、总负对地，阻值≥5000Ω/V	绝缘表
模组连接件检查	防止螺钉松动，造成故障	用做好绝缘的扭力扳手紧固（拧紧力矩：35N·m），检查完成后，做好极柱绝缘	扭力扳手
动力蓄电池箱内部温度采集点检查	确保测温点工作正常，采集点合理	使用笔记本电脑通过专用CAN卡监控动力蓄电池箱内部温度与用红外热像仪所测试的温度对比，检查温度传感器工作精度	笔记本电脑、CAN卡、红外热像仪
动力蓄电池箱内部除尘	防止内部粉尘较多，影响通信	用压缩空气通过气枪对内部进行清理	空气压缩机

项目四　北汽新能源 EV200 动力蓄电池

（续）

项　　目	目　　的	方　　法	工　　具
电压采集线检查	防止电压采集破损，导致测试数据不准	将从板插接件打开安装 1 次，通过观察数据变化进行确认	无
标识检查（内部）	防止标识脱落	目测	无
熔断器检查	检查熔断器状态是否良好，遇事故时可正常工作	用万用表欧姆档测量通断	万用表
动力蓄电池箱密封检查	保证动力蓄电池箱密封良好，防止水进入	目测密封条或更换密封条	无
接触器（继电器）测试	防止继电器损坏，车辆无法正常上高压电	用笔记本电脑上的专用监控软件启动关闭总正、总负接触器，并用专用万用表进行测试	万用表、笔记本电脑、CAN 卡
高低压插接件可靠性检查	确保插接件正常使用	目测高低压插接件是否松动、破损、腐蚀以及密封等情况，并通过专用万用表测量连接可靠性，用绝缘测试仪进行绝缘测试	万用表、绝缘表
其他箱体内零部件检查	保证辅助性的部件正常使用	检查是否松动、破损、脱落等情况	螺钉旋具、扭力扳手
电芯安装点检查	防止电芯连接脱落	目测检查每个安装点焊接处是否有裂纹	无
电芯外观检查	确保电芯未受到外界因素影响	电芯无变形、无裂痕、无腐蚀、无凹痕	无
保温检查	确保冬季动力蓄电池内部温度	目测检查动力蓄电池箱内部边缘保温棉是否脱落、损坏	无
高低压线缆安全检查	确保动力蓄电池内部线缆是否破损、漏电	目测内部线缆是否破损、挤压	无
电芯防爆膜、外观检查	防止电芯损坏、漏电	目测可见电芯防爆膜、电芯外观绝缘是否破损	无
CAN 电阻检查	确保通信质量	下电情况：用万用表欧姆档测量 CAN-H 对 CAN-L 之间的电阻，阻值约为 60Ω	万用表
动力蓄电池内部干燥性检查	确保动力蓄电池箱内部无水渍	打开动力蓄电池上盖，目测观察动力蓄电池箱内部是否有积水，测量动力蓄电池高压电路绝缘电阻	绝缘表
动力蓄电池加热系统测试	确保加热系统工作正常，避免冬季影响充电	给动力蓄电池通 12V 电源，打开监控软件，启动加热系统，目测风扇是否正常或者加热膜片是否正常工作	12V 电源、笔记本电脑、CAN 卡

（续）

项　　目	目　　的	方　　法	工　　具
对各高、低压插接头及部件进行除湿、润滑、绝缘处理	保证高、低电路连接的可靠性	用WD40对插接头及部件进行处理	WD40

注：以上是对一款自然风冷型的动力蓄电池所进行的周期性强制维护项目，对于强制风冷或液冷的动力蓄电池系统，以及内置高压控制盒类型的动力蓄电池与此不完全相同。另外在进行维护时一定要严格按新能源汽车高压安全与防护要求进行相应操作，否则可能会给维修人员带来触电危险。

二、动力蓄电池的相关要求

1. 运输

1）动力蓄电池报废后要根据其种类，用符合国家标准的专门容器分类收集运输。

2）对储存、装运动力蓄电池的容器应根据动力蓄电池的特性而设计，不易破损、变形，其所用材料能有效地防止渗漏、扩散。

3）装有废旧动力蓄电池的容器必须贴有国家标准所要求的分类标识。

4）在废旧动力蓄电池的包装运输前和运输过程中应保证其结构完整，不得将废旧动力蓄电池破碎、粉碎，以防止动力蓄电池中有害成分的泄漏污染环境。

2. 储存

1）禁止将废旧动力蓄电池堆放在露天场地，避免废动力蓄电池遭受雨淋水浸。

2）储存设施所使用的容器应确保满足其储存要求，保证废弃电池的外壳完整，排除对环境造成不利影响，建立安全管理和出现危险时的应急机制。

3）储存于通风良好的干净环境。

4）不可放置于阳光直晒区域。

5）必须远离可使电池系统外部升温超过60℃的热源。

6）必须平放于包装箱内。

7）勿摔落电池系统并避免表面撞击。

3. 污染防治

1）锂电池的收集、运输、拆解、再生冶炼等活动要严格遵守国家规定。

2）锂电池应当进行回收利用，禁止用其他办法进行处置。

3）锂电池应当按照危险废物进行管理。

4）锂电池在收集、运输过程中应当保持外壳的完整，防止发生液体泄漏对环境的污染。

4. 着火处理

1）HV蓄电池使用二氧化碳类型灭火器。

2）无法使用少量的水灭火，但可以使用大量并持续的水进行灭火。

3）锂电池灭火采用二氧化碳或ABC干粉灭火器，严重火灾时用大量并持续的水进行灭火。

5. 废旧动力蓄电池的处理

卸下动力蓄电池后交给专门承包商处理。

任务四 动力蓄电池的常见故障及检测

学习目标

1. 熟知动力蓄电池故障等级及对整车的影响。
2. 掌握动力蓄电池常见故障及解决方法。
3. 了解动力蓄电池常见损失形式及特点。
4. 熟知动力蓄电池的检测项目及方法。

一、动力蓄电池的故障

1. 动力蓄电池故障分级

根据故障对整车的影响划分为三个等级：

（1）三级（轻微）故障

1）表明动力蓄电池性能下降，BMS降低最大允许充/放电电流。

2）动力蓄电池上报该故障对整车无影响或不同程度的造成整车进入限功率行驶状态，动力蓄电池正常工作状态可能上报该故障，BMS一旦上报该故障表明动力蓄电池处于极限环境温度下或电芯一致性出现一定劣化等现象。

（2）二级（严重）故障

1）表明动力蓄电池在此状态下功能已经丧失，请求其他控制器停止充电或者放电。

2）其他控制器应在一定的延时时间内响应动力蓄电池停止充电或放电请求。

3）动力蓄电池上报该故障会造成整车进入跛行、暂时停止能量回馈、停止充电，动力蓄电池正常工作下不会上报该故障，BMS一旦上报该故障表明动力蓄电池某些硬件出现故障或动力蓄电池处于非正常工作的条件下。

（3）一级（非常严重）故障

1）表明动力蓄电池在此状态下功能已经丧失，请求其他控制器立即（1s内）停止充电或放电。如果其他控制器在指定时间内未做出响应，BMS将在2s后主动停止充电或放电（即断开总正、总负接触器）。

2）动力蓄电池上报该故障一段时间后会造成整车出现安全事故如起火、爆炸、触电等，动力蓄电池在正常工作下不会上报该故障，BMS一旦上报该故障表明动力蓄电池处于严重滥用状态。

> **小贴士**
> 其他控制器响应动力蓄电池二级故障的延时时间建议少于60s，否则会引发动力蓄电池上报一级故障。

2. 动力蓄电池故障对整车影响

1) 一级故障对整车影响见表4-7。

表4-7 一级故障对整车影响

故障名称	故障编码	对整车影响
单体蓄电池电压过电压	P0004	行车模式：动力蓄电池放电电流降为0，切断高压，无法行车
动力蓄电池外部短路（放电过电流）	P0006	车载充电：请求停止充电/停止加热，总正、总负接触器断开
单体蓄电池温度过高	P0007	
动力蓄电池内部短路	P0014	直流快充：发送BMS终止充电，总正、总负接触器断开

2) 二级故障对整车影响见表4-8。

表4-8 二级故障对整车影响

故障名称	故障编码	对整车影响
单体蓄电池电压欠电压	P0269	行车模式：限功率至放电电流25A
BMS内部通信故障	P0279	行车模式：限功率至放电电流25A，"最大允许充电电流"调整为0
BMS硬件故障	P0284	充电模式：发送请求停止充电，如果上报故障后2s内未收到响应，BMS主动断开高压继电器或加热继电器
BMS与车载充电机通信故障	P0283	车载充电模式：请求停止充电，或请求停止加热，如果上报故障后2s内未收到响应，BMS主动断开高压继电器或加热继电器
单体蓄电池温度过高	P0258	行车模式：限功率至放电电流25A，"最大允许充电电流"调整为0
高压电路绝缘电阻过低	P0276	行车模式：限功率至放电电流25A，"最大允许充电电流"调整为0 充电模式：发送请求停止充电，如果上报故障后2s内未收到响应，BMS主动断开高压继电器或加热继电器
加热元件故障	P0281-1	充电模式：请求停止加热，如果上报故障后2s内未收到响应，BMS主动断开加热继电器

> **小贴士**
> 相同的故障名称，根据故障程度级别不同，以不同故障代码区分。

3) 三级故障对整车影响见表4-9。

3. 动力蓄电池故障显示

关于动力蓄电池的故障，仪表上只显示动力蓄电池故障、动力蓄电池绝缘故障及动力蓄电池系统断开三种故障信息。仪表盘动力蓄电池故障灯显示解读见表4-10。

项目四　北汽新能源 EV200 动力蓄电池

表 4-9　三级故障对整车影响

故障名称	故障编码	对整车影响	恢复条件
动力蓄电池内部温度过高	P1043	行车模式：放电功率降为当前状态的 50%	重新上电
高压电路绝缘电阻过低	P1047	上报不处理	
单体蓄电池电压不均衡	P1046	行车模式：放电功率降为当前状态的 40%	
单体蓄电池电压欠电压	P1040		
动力蓄电池内部温度不均衡	P1045	上报不处理	
放电过电流	P1042	行车模式：放电功率降为当前状态的 50%	

表 4-10　仪表盘动力蓄电池故障灯显示解读

故障灯	颜色	故障	解读
(充电插头图标)	黄色	动力蓄电池充电提醒（电量不足报警）	车钥匙置于 ON 位时，当电量低于 30% 时，动力蓄电池充电提醒灯亮。高于 35% 时，动力蓄电池充电提醒灯熄灭
(电池!图标)	红色	动力蓄电池故障	车钥匙置于 ON 位时，动力蓄电池故障
(电池切断图标)	红色	动力蓄电池高压电路切断	车钥匙置于 ON 位时，动力蓄电池切断
(HV电池!图标)	红色	动力蓄电池绝缘电阻低	车钥匙置于 ON 位时，动力蓄电池绝缘电阻低

二、动力蓄电池常见故障及解决方法

1. 动力蓄电池常见故障及解决方法

动力蓄电池常见故障及解决方法见表 4-11。

表 4-11　动力蓄电池常见故障及解决方法

序号	故障描述	常规解决办法（按照序号进行操作）
1	SOC 异常：无显示或数值明显不符合逻辑	1. 停车或者关闭车钥匙后重新置于 ON 位 2. 检查仪表显示其他故障报警灯有无点亮，并做好现象记录 3. 联系售后服务人员进行复查，维修人员确认无误后正常使用
2	续驶里程低于经验值	联系售后服务人员，检查充放电过程，容量是否衰减，BMS 控制是否正常
3	电池过热报警/保护	1. 10s 内减速，停车观察 2. 检查报警是否消除，检查是否有其他故障，并做好记录 3. 若报警或保护消除，可以继续驾驶，否则，联系售后服务人员 4. 运行中若连续 3 次以上出现停车，减速故障消除时，联系售后服务人员
4	SOC 过低报警/保护	1. SOC 低于 30% 报警出现时减速行驶，寻找最近的充电站进行充电 2. 停车休息 3~5min 后行驶，检查故障是否能自动消除 3. 若故障不能自行解除，且仍未驶达充电站的，联系售后人员解决

（续）

序号	故障描述	常规解决办法（按照序号进行操作）
5	电压/电流明显异常	1. 关闭车钥匙，迅速下车并保存适当距离 2. 联系专业售后服务人员处理
6	钥匙置 ON/START 后不工作	1. 检查并维护低压辅助电源 2. 若置 ON 后能工作，检查仪表盘上故障显示，并记录 3. 若置 START 后仍不能工作，联系售后服务人员
7	不能充电	1. 检查 SOC 当前数值 2. 检查充电线缆是否按照正确方法连接 3. 若环境温度超出使用范围，终止使用 4. 联系售后服务人员
8	运行时高压短时间丢失	检查系统屏蔽层是否有效，检查接触器是否能正常动作，检查主回路是否接触良好
9	动力蓄电池外箱磨损破坏	联系售后服务人员维护
10	单体蓄电池欠电压	1. 检查动力蓄电池电量，若较低（此时 SOC 也较低），应及时补电 2. 检查单体蓄电池，若异常（压差较大），应更换电芯或检查蓄电池管理系统 3. 检查单体蓄电池采集电压，有异常，应更换 BMS 或检查线束连接、PCB 焊接 4. 对动力蓄电池电芯进行电压均衡
11	绝缘故障	1. 断开动力蓄电池与整车高压连接线，单独读取动力蓄电池高压电路绝缘值，根据情况更换失效部件或动力蓄电池箱体内除水 2. 检查整车其他高压系统部件绝缘

2. 典型案例分析

动力蓄电池断开（动力蓄电池高压母线连接）故障

1）主要原因：MSD 未连接到位或 HVIL（高压互锁）信号线断路、绝缘故障（绝缘故障仪表有提示语）、单体蓄电池损坏等。

2）排除方法：重新插拔 MSD 并安装到位或测量并检查 HVIL 信号线。

3）具体排除方法：经检查此故障的报出是由于 BMS 检测不到高低压互锁信号所致，动力蓄电池高压互锁线路如图 4-41 所示，具体排查步骤如图 4-42 所示。

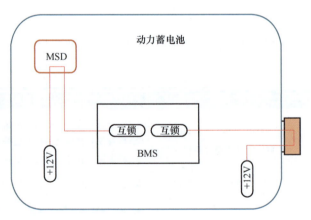

图 4-41　动力蓄电池高压互锁线路

① 首先检查动力蓄电池低压插头针脚，若能安装到位，则用万用表测量低压插头端的互锁电路是否导通，若不导通则进入下一步。

② 检查 MSD 是否松动，并测量 MSD 互锁端子导通情况，若 MSD 互锁端子导通重新插

图 4-42　动力蓄电池高压母线连接故障排查步骤

拔后问题依然存在，则进入下一步。

③ 插拔高压线束，看高压插头上面的互锁端子是否存在接触不良问题，并测量高压线束互锁线路导通情况，若导通而问题依然存在，说明故障存在于动力蓄电池内部，则需卸下动力蓄电池，检测内部互锁电路。

> **注释**
> 根据统计，此故障除了软件的误报之外，MSD 没插到位引起的故障占到 70%，高压线束端问题占到 20%，动力蓄电池内部线束连接出问题的概率很小。

4）绝缘故障说明：无论动力蓄电池自身还是动力蓄电池外电路的高压回路上存在绝缘故障，动力蓄电池 BMS 都会上报给 VCU 并显示报警，切断动力蓄电池内部总正、总负接触器。在排查时要先断开动力蓄电池与其他部件的连接，然后用绝缘电阻表依次测量各部件的绝缘值。

三、动力蓄电池的不一致性

动力蓄电池的不一致性是指规格型号相同的电芯在电压、内阻、容量等参数上存在的差别。

1. 动力蓄电池不一致性的原因

引起电芯间一致性变差的原因是多个方面的，包括电芯的生产制造工艺、电芯的存放时间长短、在动力蓄电池内部充放电期间的温度差异和充放电电流大小等。

电芯的初始不一致性来自生产环节。由于材料的不均匀性、生产制造过程中的技术工艺精度误差以及环境温度等原因，电芯的内部结构和材质上存在差别，对外即表现为初始性能参数的不一致，表现出电压差异和内阻差异。

2. 动力蓄电池不一致性的影响

由于电芯容量、内阻存在差异，因此容量小的电芯在充电过程中过早地进入过充电状态，在放电过程中则过早地进入过放电状态。随着连续的充放电循环，对于电芯而言，每次过充电、过放电程度更甚于电芯的独立使用，而当一个电芯特性恶化时，会导致动力蓄电池内部其他电芯发生多米诺骨牌效应的连锁反应，从而使部分电芯过早失效，这是影响动力蓄电池寿命的重要因素。

（1）内阻不一致的影响　由于内阻的不一致，在串联电池组放电过程中，内阻大的电池电能耗更高，产生大量的热量，局部温度持续升高会导致电芯变形甚至爆炸的严重后果。内阻大的电芯不容易充满电，不容易释放电能，内阻小的电芯容易过充电和过放电。

并联电芯充放电过程中由于内阻的不一致，动力蓄电池分配的充放电电流不同，相应的充放电容量有的不相同，进而影响动力蓄电池的能量特性和寿命。

（2）电压不一致的影响　由于电芯的电压不一致，在串联电池组中，会发生电池间的互充电，造成能量损耗，达不到预期的能量输出。动力蓄电池的充放电都受终止电压限制，在串联电池组中，由于电压不一致，充电过程中，电压大的电芯提前达到充电终止电压，为了避免过充电，整个动力蓄电池充电终止，充电性能下降。同样，放电过程中，电压小的单体电池提前达到放电终止电压，使用中的动力蓄电池的放电性能因而受到影响。

（3）容量不一致的影响　同一规格的电芯有相同的最佳放电率，由于容量的不一致，不同电芯的最佳放电电流就不同，放电深度也不同，而充电过程中，容量小的电芯将提前充满电，为使动力蓄电池内部其他电芯充满电，小容量的电芯必将过充电，充电后期充电电压偏高，甚至超出动力蓄电池电压最高限，形成安全隐患，影响整个动力蓄电池的充电安全。

3. 动力蓄电池不一致性的改进措施

根据动力蓄电池应用经验和试验研究，从电芯使用和成组筛选等方面可以采用下述几种措施，以避免电芯不一致的进一步扩大，保证动力蓄电池寿命逐步趋于电芯的使用寿命。

1）电池制造厂提高工艺水平，保证电芯出厂质量，尤其是初始电压的一致性，同一批次电芯出厂前，以电压、内阻及电池化成数据为标准进行参数相关性分析，筛选相关性良好的电芯，以此来保证同批电芯性能尽可能一致。

2）在动力蓄电池成组时，务必保证采用同一类型、同一规格、同一型号的电芯。

3）在使用过程中检测电芯参数，尤其是动态和静态情况下（电动汽车停驶或行驶过程中）电压分布情况，掌握动力蓄电池中电芯不一致性的发展规律，对极端参数蓄电池进行及时调整或更换，以保证动力蓄电池内部电芯不一致性不随使用时间而增大。

4）对测量中容量偏低的电芯进行单独维护性充电，使其性能恢复。

5）间隔一定时间对动力蓄电池进行小电流维护性充电，促进动力蓄电池内部电芯自身的均衡和性能恢复。

6）避免电芯过充电，尽量防止动力蓄电池深放电。

7）保证动力蓄电池良好的使用环境，尽量保证恒温，减小振动，避免水、尘土等污染电池极柱。

8）研制开发实用的动力蓄电池能量管理和均衡系统，对电芯的充放电进行智能管理。

四、电芯的失效模式

动力蓄电池系统失效模式可以分为三种层级，即电芯失效模式、BMS失效模式和Pack系统集成失效模式。下面主要介绍电芯失效模式。

电芯的失效模式分为安全性失效模式和非安全性失效模式。

1. 电芯安全性失效

（1）电芯内部正负极短路　动力蓄电池内短路是由电芯内部引起的，引起动力蓄电池内短路的原因有很多，可能是由于电芯生产过程中缺陷导致或是因为长期振动外力导致电芯变形。一旦发生严重内短路，无法阻止控制，外部保险不起作用，肯定会发生冒烟或燃烧。

锂电池失效模式简介

如果遭遇到该情况，我们能做的就是第一时间通知车上人员逃生。对于动力蓄电池内部短路问题，目前为止电池厂家没有办法在出厂时100%将有可能发生内短路的电芯筛选出来，只能在后期充分做好检测以降低发生内短路的概率。

（2）电芯漏液　这是非常危险，也是常见的失效模式。电动汽车着火的事故很多都是因为电芯漏液造成的。电芯漏液的原因有外力损伤和制造原因两种。

1）外力损伤：碰撞、安装不规范造成密封结构被破坏。

2）制造原因：焊接缺陷、封合胶量不足造成密封性能不好等。

电芯漏液后整个电池包的绝缘失效，单点绝缘失效问题不大，如果有两点或以上绝缘失效会发生外短路。从实际应用情况来看，软包和塑壳电芯相比金属壳电芯更容易发生漏液情况导致绝缘失效。

（3）电池负极析锂　电池使用不当，过充电、低温充电、大电流充电都会导致电池负极析锂。国内大部分厂家生产的磷酸铁锂或三元锂电池在0℃以下充电都会发生析锂，0℃以上根据电芯特性只能小电流充电。发生负极析锂后，锂金属不可还原，导致电池容量不可逆衰减。析锂达到一定程度，形成锂枝晶，刺穿隔膜发生内短路。所以动力蓄电池在使用时应该严禁低温下进行充电。

（4）电芯胀气鼓胀　产生胀气的原因很多，主要是因为电池内部发生副反应产生气体，最为典型的是与水发生副反应。胀气问题可以通过在电芯生产过程中严格控制水分避免。一旦发生电池胀气就会发生漏液等情况。

以上几种失效模式容易产生非常严重的安全问题，可能会造成人员伤亡。即使一个电芯使用1~2年没有问题，并不代表这个电芯以后没有问题，使用越久的电池失效的风险越大。

2. 电芯的非安全性失效

（1）容量一致性差　导致电芯容量不一致性的原因有很多，目前解决电芯不一致性的方法主要是提高电芯的生产制造工艺控制水平，从生产关尽可能保证电芯的一致性，使用同一批次电芯进行配组。这种方法有一定效果，但无法根治，动力蓄电池使用一段时间后一致性差的问题还会出现，电芯发生不一致性问题后，如果不能及时处理，问题会愈加严重，甚至会发生危险。

（2）自放电过大　电芯制造时杂质造成的微短路所引起的不可逆反应是造成个别电芯自放电偏大的最主要原因。在大多电池生产厂家对电芯的自放电微小时都可忽略，由于电芯在长时间的充放电及搁置过程中，随环境条件发生化学反应，引起电芯自放电现象，使电芯容量降低，性能低下，不能满足使用需求。

（3）低温放电容量减少　随着温度的降低，电解质低温性能不好，参与反应不够，电解质电导率降低而导致电芯电阻增大，电芯起始放电的电压降低，容量也降低。目前各厂家电芯-20℃下的放电容量基本在额定容量的70%~75%。低温下电芯放电容量减少，且放电性能差，影响电动汽车的使用性能和续驶里程。

（4）电芯容量衰减　电芯容量衰减主要来自于活性锂离子的损失以及电极活性材料的损失。正极活性材料层状结构规整度下降，负极活性材料上沉积钝化膜，石墨化程度降低，隔膜孔隙率下降，导致电芯电荷传递阻抗增大。脱嵌锂能力下降，从而导致容量的损失。

电芯容量衰减是电池不可避免的问题。但是目前电池厂家应该首要解决前面安全性失效问题和电池一致性问题，在这个基础上再考虑延长电池的循环寿命。

五、动力蓄电池的检测

动力蓄电池的检测项目及方法见表4-12。

表4-12 动力蓄电池的检测项目及方法

检测项目	检测所需工具	检测方法	标准值
动力蓄电池正负极与车身（外壳）绝缘电阻的检测	绝缘电阻表FLUKE1587C	1）拔掉高压盒端动力蓄电池输入线 2）将钥匙置于ON位 3）将绝缘电阻表黑表笔接于车身，红表笔逐个测量动力蓄电池正负极端子	动力蓄电池正极绝缘电阻≥1.4MΩ 负极绝缘电阻≥1.0MΩ
数据采集	笔记本电脑、CAN卡	电脑监控	—
充电测试	笔记本电脑、CAN卡、钳形电流表	电脑监控、充电桩监控、钳形表测量充电机输出线缆	—
温度监控	笔记本电脑、CAN卡、温度计	监控整车环境温度、电脑监控	—
压差监控	笔记本电脑、CAN卡、监控系统	充放电末端压差监控	—
CAN口检查	笔记本电脑、CAN卡	目测	—
放电测试	行车记录仪	车辆按工况行驶，进行监控	—
动力蓄电池管理系统绝缘监控电路检查	绝缘表	将车钥匙置于OFF位，打开高压盒输入插头，用绝缘表检测高压电路与地的绝缘电阻，绝缘表量程选择1000V档，总正绝缘电阻>1.5MΩ	—

参 考 文 献

[1] 谭晓军. 电动汽车动力蓄电池管理系统设计 [M]. 广州：中山大学出版社，2015.
[2] 崔胜民. 新能源汽车技术 [M]. 北京：北京大学出版社，2009.
[3] 陈新亚. 电动汽车为什么会跑 [M]. 北京：机械工业出版社，2016.
[4] 吴兴敏，崔辉. 电动汽车结构原理与检修 [M]. 北京：化学工业出版社，2017.
[5] 王长宏，等. 新能源汽车技术现状与应用前景 [M]. 广州：广东经济出版社，2015.